KB071462

멘붕 탈출!
스트레스 관리

최윤미 · 지승희 · 박정민 · 신효정 · 강유선 공저

학지사

'이화여자대학교에서 상담심리학'을 공부한 인연으로 시작된 다섯 명의 선후배가 모였다. 그후 지금까지 대학원에서는 교수님과 학생으로, 상담센터에서는 직원과 교육생으로, 인턴 과정에서는 슈퍼바이저와 슈퍼바이지로, 상담기관에서는 상사와 부하직원으로, 사이코드라마의 연출자와 참가자로서 다양한 장면에서 시간을 함께 해 온 소중한 인연이다. 50대부터 30대까지 연령대도 다양하고 현재 일하고 있는 분야(대학, 상담센터, 컨설팅 회사)도 다양하지만, 공통적인 관심 주제로 늘 학문적 관심사를 나누고 있는 사람들이다. '어떻게 하면 의미 있는 삶을 살아갈 것인가.' '어떻게 하면 상담심리전문가로서의 전문성과 한 인간으로서의 성숙도를 높여 갈 것인가.' '어떻게 하면 전문적인 상담 · 코칭 · 교육관계에서 만나는 고객과 학생에게 수준 높고 효과적인 심리적 조력을 제공할 것인가.'

그런데 모두 언제부터인가 모일 때마다 요새 만나는 고객과 학생에게 자주 듣는 말이 있다고 입을 모았다. "스트레스가 쌓여서 죽겠어요, 선생님. 그래서 저도 모르게 자꾸 군것질을 하다 보니 살만 뒤룩뒤룩 찌고, 스트레스 풀답시고 친구 만날 때마다 술을 마셨더니 속이 엉망이에요." "왜 안색이 안 좋으냐고요? 뭐, 스트레스 때문에 그렇죠. 이상하게 두통도 계속 심해지고, 소화도 잘 안 되고. 힘드네요. 휴~~" 우리 또한 대화 속에서 은연중에 '스트레스' 라는 단어를 많이 사용하고 있는 것을 발견하였다. 고객이 이 단어를 언급하게 된 배경과 그 내용에 대해서는 사실 상담과 코칭을 하면서도 우리가 많이 다루고 있지만, '스트레스' 라는 개념에 대해 상담심리학자의 시각에서 접근한 적은 별로 없다는 이야기가 나왔다.

'스트레스' 라는 개념은 오히려 일반인 사이에서는 매우 자연스럽게 많이 쓰이고 있다. 하지만 상담심리학자는 그 단어의 밑바닥에 있는 심층적인 내면을 보는 것에 중점을 두었기 때문에, 오히려 '스트레스' 라는 개념에 대해서는 크게 신경을 쓰지 않았던 것 같다. 따라서 '우리가 전문가로서 고객과 학생에게 도움이 되는 관계를 맺으려면 그들이 자주 사용하는 용어에 대해서도 정리해 놓는 것이 좋겠다.' 는 의견에 모두 동의하면서, 이 책을 집필하기 시작하였다.

이 책에서 첫 번째로, '스트레스' 라는 개념을 어떻게 바라보아야 하는지에 대해 안내하고 있다. 그 이유는 어떤 어려움에 대해 효과적으로 대처할 수 있는 방법을 찾기 위해서는, 그 어려움 자체를 명확하게 파악하는 것이 먼저 이루어져야 하는 작업이기 때문이다. 두 번째로는, '일work과 삶Life' 이라는 커다란 두 축에서 나를 자극하는 스트레스원을 알아본다. 세 번째로는, 그 스트레스원의 영향으로 나에게 일어나는 반응을 점검해 본다. 이 작업을 통해, 나의 현재 스트레스 정도를 측정해 보는 것이 가능하다. '나를 불편하게 하는 요소가 어떤 것이 있구나. 내가 요새 보이는 모습을 보았을 때 내가 어느 정도 힘들어하고 있구나.' 하고 말이다. 앞으로 나아가야 할 목표를 정하기 위해서는 현재 자신의 모습을 정확하게 이해하는 것이 필요하기 때문이다. 어떤 부분이 불편하고 그 이유가 무엇인지를 알게 된다면, 그 껄끄러움을 풀어내기 위한 방법을 찾는 것도 훨씬 손쉬워질 것이다. 마지막으로는 이 책의 필자가 가장 강조하고 싶은 스트레스 대처자원에 대한 지침서가 제공된다. '스트레스' 라는 불편한 존재에 대해 맞서서 싸울 수 있는 무기는 어떤 것이 있는지 알아보고, 그중에서 내가 지금 가지고 있는 것을 강화하고, 미흡하거나 부족한 자원을 보완하며 개발할 수 있는 방법을 찾는 시간이다.

　이 책은 일반 성인을 대상으로 상담이나 교육을 하고 싶은 심리학 전공자에게도 물론 도움이 되겠지만, 이유 없이 지치고 짜증이 나고 삶의 의욕이 없어짐을 느끼는 일반 독자에게도 권하고 싶다. 책 제목을 정하는데 '멘붕 탈출!'이라는 부제를 달게 된 이유는, 너무나 당황스럽고 힘든 상황에 마주했는데 그 상황을 벗어나기 위해 아무런 방법을 찾을 수 없다고, '멘탈 붕괴야!'를 외치고 있는 우리나라의 성인이 지금부터는 아주 자그마한 무기라도 갖출 수 있도록 돕고 싶었기 때문이다.

　독자에게 누군가를 공격하기 위한 것이 아니라, 스스로를 보호하며 원하는 길로 나아가는 것을 도와줄 수 있는 예쁜 무기 하나를 선물로 드린다. 잘 갈고 닦아 어제보다 오늘이, 오늘보다 내일이 더 행복할 수 있는 삶을 꾸려가는 데 요긴하게 쓰이기를 기대한다.

2013년, 같은 하늘 아래.

최윤미, 지승희, 박정민, 신효정, 강유선

제 1 부

스트레스
이해하기

01
스트레스
바로알기

누구에게나 공평한 스트레스

사람은 태어나서 죽는 날까지 다양한 스트레스를 받는다. 빠르면 세 살, 좀 늦으면 다섯 살에 어린이집이나 유치원에 들어가는데 거기서도 벌써 스트레스는 눈에 보인다. 유치원 앞에서 아이가 엄마를 붙들고 울고 있다. 아이는 엄마와 떨어지는 것이 스트레스고, 엄마는 떨어지지 않는 아이를 달래서 보내느라 스트레스다. '아, 저렇게 울고불고 하는데 꼭 보내야 하는 거야?' 하고 생각할지 모르지만, 이것이 이 시기의 삶이고 응당 아이와 엄마가 겪어야 할 스트레스다. 그런가 하면 어떤 분은 '에휴, 그래도 그때가 제일 좋을 때다! 이제 학교 가 봐라! 좋은 시절 다 끝났지.' 라고 생각하신다. 공감하기 싫은 현실이다. 청소년기를 지난 사람이라면 공부 때문에 스트레스 한 번쯤은 받아 봤을 것이다. 청소년상담실에는 시험 기간 전후로 많은 학생이 학업상담을 요청하는데, 시험 보기 전까지는 어떻게 공부를 해야 할지 몰라 스트레스고, 시험이 끝난 후부터는 시험성적이 기대에 못 미쳐 스트레스다. 게다가 요즘 청소년은 또래관계에서도 많은 스트레스를 받는다. 말과 행동, 태도, 외모, 성격에서의 강한 개성은 친구 간의 갈등을 일으키기 때문에, 또래관계에서도 스트레스가 자주 발생한다.

하지만 성장기의 이러한 스트레스는 성인이 된 후의 스트레스에 비할 것이 못 된다. 스트레스의 극치는 성인이 된 후의 30~50대가 아닐까 싶다. 사람은 성인이 되면 인생에서 우람한 나무가 되기 위해 뿌리를 내리기 시작하기 때문에 스트레스도 더 많아진다. 직장에서의 과도한 업무, 대인관계, 승진, 결혼 생활, 자녀 양육 등등 하루하루 매 순간이 스트레스라고 해도 과언이 아니다. 하루 종일 놀지 않고 열심히 일하는데 아직도 처리하지 못한 일 투성이다. 어찌할 수 없어 집으로 일을 바리바리 싸 들고 오지만, 집에선 펼쳐 보지도 못하는 것이 일반적이다. 집에 들어오는 순간 밀려드는 피로가 말도 못한다. '열심히 일한 당신 집에서는 쉬라!' 왜 아니겠는가. 그래도 집에서 스트레스를 내려놓고 쉴 수 있는 사람은 행복한 사람이다. 직장을 다니는 주부는 집에 와서도 기본적으로 해야 할 일이 있기 때문이다. 물론 대부분의 직장 여성의 집은 주중에는 거의 난장판이다. 그나마 남편이나 가족이 이해해 주면 집안일에 대한 스트레스를 덜 받을지 모른다. 하지만 갑자기 집에 시어른이 들른다고 하면 스트레스 지수가 치솟기 마련이다. 집안 청소며 정돈은 차치하더라도, 저녁엔 가족에게 밥도 챙겨 먹여야 하고 아침엔 아이 등교 준비도 시켜야 한다. 아버지들 또한 사는 게 팍팍하다. 승진 조건을 채우기 위해 영어 점수를 따려면 영어 공부도 해야 하고, 근무 평가도 잘 받아야 하니 일주일에 몇 번 정도는 늦게까지 회사에 남아서 일하는 모습도 보여 줘야 한다. 행사는 왜 이리 많은지, 생일, 기념일, 결혼식 등 잔치를 잘 챙겨야 지금의 나를 있게 한 사람들에게 보답이 되는 것 같으니 주말 휴식은 반납이다. 앞만 보고 달려왔더니 30~50대가 어떻게 지나갔는지, 지금 내가 몇 살인지도 잘 모르겠고, 기분만은 아직도 20대라는 사람도 종종 있다. 앞으로 노후도 살펴야 하는데 벌써 퇴직의 압박이 느껴지고, 건강도 말이 아니다.

우리는 지금까지 이런 스트레스를 고스란히 겪으면서 여기까지 왔다. 어떻게 살아 있나 싶다. 정말 힘들 땐 지긋지긋해서 소리라도 지르고 싶은 심정이 들 때도 있다. 스트레스가 없는 세상에서 살 수 없을까? 죽을 때까지 스트레스는 함께 가야 하는 건가? 왜 나만 바쁘고 힘든 걸까? 괴롭고 답답한 마음이지만 안타깝게도 스트레스가 없는 환경에서 살 수는 없다. 하지만 너무 낙심하지 말자. 나만 그런 것이 아니고, 우리 모두가 스트레스에 공평하게 노출되어 있으니까. 이렇게 생각하면 한결 마음이 편해지지 않는가. 그리고 생각을 한번 달리해 보자. 하루하루 고통 없이 쾌락만 느끼고 사는 삶은 재미있을까? 보람이 있을까? '적절한 긴장감'과 '도전' 그리고 그 결과로 얻게 되는 '성취와 보람' 등은 삶을 더 윤택하고 살맛나게 해 준다. 생머리가 싫증 나면 머리에 웨이브를 주듯이, 삶에서도 긴장감 해소를 통한 이완, 성취, 보람과 같은 웨이브를 주면 재미가 생길 수 있다고 생각을 바꾸어 보자. 게다가 스트레스에 적절히 대처하는 방법을 알면, 더 적극적으로 유쾌하게 즐기면서 살 수도 있으니 오히려 희망적이다. 이것이 살 맛 나는 인생이다.

복잡한 스트레스 알아가기

  우리가 늘 경험하고 사용하는 말인 '스트레스'는 어떻게 정의할
수 있을까? 스트레스의 개념은 오스트리아의 내분비학자 한스 셀
리에Hans Selye가 처음 사용하였다(Elkin, 2000). 그는 스트레스의
생리적 반응을 연구하면서, 스트레스의 결과에 따른 반응을 물리
학에서 사용하는 압력이라는 의미의 '스트레스stress'라고 부르기
시작하였다. 그러나 스트레스 연구를 계속하면서 긴장과 불안 같
은 스트레스 반응은 스트레인strain이라는 단어가 더 적합한 말인
것을 나중에 깨달았다고 한다. 하지만 이미 많은 사람 사이에서 스

Stressor VS. Strain

〈원인〉 〈증상〉

상사가 스트레스를 준다.　　　　요즘은 스트레스의 연속이야~
(스트레스 요인)　　　　　　　　(스트레스 반응)

이 두 가지를 혼용하시는 분
이 많지만 원인과 증상으로
구분되는 개념입니다.

스트레스 원인과 증상 구별

트레스라는 말이 널리 사용되고 있을 때였다. 한스 셀리는 뒤늦게 다시 스트레스의 개념을 바로 잡았으나, 명확한 스트레스의 개념을 사용하게 하기에는 어려웠다. 그때부터 사람들이 두 개념을 함께 사용하면서 스트레스에 대한 개념이 복잡해졌다. 사람들은 스트레스의 원인(즉, 스트레스원)을 말할 때도 스트레스라고 표현하고, 반응으로서의 스트레스 증상도 스트레스라고 하기 때문이다. 사실 스트레스의 원인은 스트레서stressor가 정확한 표현이고, 스트레스 증상은 스트레인이 정확한 표현이다. 간단하게 이 개념을 그림으로 구분해 보자면 다음과 같다. "스트레스가 스트레스를 유발한다."라는 말도 이 그림을 보면 이해할 수 있을 것이다.

금요일 저녁, 맥주 한잔 하며 "요새 어떻게 지내?"라고 묻는 친구의 말에 "아휴, 정말~ 팀장님 때문에 미치겠어."라고 대답한다면, 팀장님이 바로 그 친구의 스트레스 원인, 즉 스트레서다. 그리고 "요즘 스트레스의 연속이야."라든지 "스트레스를 없애는 방법을 알고 싶어요."라고 말할 때는 스트레스 증상(스트레스 반응은 두통, 불면, 소화불량과 같은 생리적인 증상뿐 아니라, 냉소적인 태도, 무능감, 걱정, 불안 같은 심리적인 증상으로 나타나기도 한다), 즉 스트레인이다. 하지만 우리는 두 경우 다 스트레스라는 용어를 사용하고 있다.

스트레스 연구의 초기에는 이렇게 스트레스의 원인과 증상 두 가지가 혼용된 채 스트레스를 설명했었다. 그 이후 연구자는 스트레스 원인과 스트레스의 증상을 구분하여, 통합적으로 이론적 모형을 제시하고 스트레스를 요구demand와 자원resources 간의 상호작용 방식으로 설명하였다. 라자러스와 포크만Lazarus & Folkman은 '스트레스원 때문에 받는 자극이, 대처할 수 있는 개인적 차원의 수준보다 훨씬 많을 때, 심리적 안녕감에 대한 위협감을 느끼는 상태'가 스트레스라고 하였다(Lazarus & Folkman, 1984). 이와 유사하게 홉폴Hobfoll은 개인이 가지고 있는 자원에 대한 위협을 인식하는 것을 스트레스라고 보았다(Hobfoll, 1989). 이러한 스트레스의 개념은 많은 사람이 스트레스의 원인에 의해 자극을 받고 있지만, 모두가 같은 정도로 스트레스 증상을 경험하는 것은 아니라는 것을 의미한다. 스트레스원이 있어도 그것에 대처할 수 있는 자원이 없을 때 스트레스가 되는 것이고, 신체적 · 심리적 · 정서적인 문제가 된다는 것이다. 결국 우리가 살고 있는 사회에는 스트레스가 많지만, 우리 각자에게 있는 자원만 발견할 수 있다면 스트레스에서 탈출할 수 있다.

따라서 복잡한 스트레스를 이해하기 위해 우리가 알아야 할 개념은, 자신을 괴롭히는 '스트레스원stressor'과 스트레스 반응으로서의 '증상strain', 스트레스에 대처할 수 있는 '자원resource'이다.

유쾌 스트레스와 불쾌 스트레스

스트레스가 항상 나쁜 것은 아니다. 앞에서도 언급했지만 적절한 스트레스는 흥미와 수행력을 높인다. 그러니 스트레스가 아예 없는 것보다는 적절한 수행력을 높일 수 있는 좋은 스트레스가 있는 것도 나쁘지 않다(Monk, 2004). '그렇다 해도 난 스트레스를 받지 않았으면 좋겠어.'라고 생각한다면, 스트레스를 다각도에서 살펴본 후에 다시 한 번 이야기해 보도록 하자.

좋은 스트레스good stress는 '자극이 되는 스트레스 요인에 대한 긍정적인 심리적 반응'을 하는 것으로, 학문적 용어로는 유쾌 스트레스eustress라고 한다. 어린 시절 소풍 전날의 흥분감, 첫 데이트의 설렘, 결혼식 전야의 가슴 떨림, 첫 출근 날의 뿌듯한 긴장감 같은 것은 아마도 유쾌 스트레스가 아닐까? 반면 나쁜 스트레스bad stress는 '스트레스 요인에 대한 부정적인 심리적 반응'을 하는 것으로 불쾌 스트레스distress라고 한다(Simmons, 2000). 대부분의 사람이 이야기하는 불편함이 여기에 해당할 것이다.

〈스트레스의 어원(물리학 · 공학)〉
stringer(팽팽히 죄다, 긴장)

〈좋은 스트레스〉

당장에는 부담스럽더라도
적절히 대응하여 발전

〈나쁜 스트레스〉

불안, 우울

좋은 스트레스와 나쁜 스트레스

유쾌 스트레스는 개념적 정의가 분명하진 않지만, 최근 연구는 스트레스 요인에 긍정적으로 반응하는 과정뿐 아니라 그 과정을 통한 긍정적인 결과물까지 모두 포함하여 유쾌 스트레스라고 보고 있다(O' Sullivan, 2010). 쉽게 말하자면, 스트레스원이 있을 때 이에 반응하는 긍정적인 태도와 그로써 결국 얻게 되는 긍정적인 결과물까지를 모두 뜻한다. 그러니까 유쾌 스트레스는 사건에 대한 긍정적인 태도가 관건이다. 스트레스 요인이나 사건에 대해 긍정적인 태도를 갖게 되면, 결과는 긍정적일 수밖에 없기 때문이다.

직장인 8년차 이나리 씨가 일하는 직장은 매년 초마다 부서 이동이 있다. 어디든 그렇겠지만 가기 싫은 부서는 정해져 있기 마련이다. 장기 출장 때문에 집에 들어갈 수 없거나 지방 출장이 많은 데다, 출장을 다녀오면 해야 할 일이 그대로 쌓여 있어 일이 두 배는 되고, 민원까지 많이 발생하는 부서는 대부분이 기피한다. 조직 구성원 중 성격이 까칠한 사람이 있으면 두말할 것도 없이 기피 대상인 부서가 된다. 하지만 그 부서의 책임을 맡았던 김 팀장과 박 팀장, 두 사람의 행동은 극명하게 달랐다. 김 팀장은 그 부서에 배치받자마자 불안해하며 얼굴을 펼 줄 몰랐다. 회의 때마다 다른 팀과 싸우고, 상사에게는 불만을 토로했다. 상사도 그의 불만스러운 태도와 행동에 심기가 불편했다. 그러니 당연히 일은 자주 지체되고, 팀원도 그와 함께 하는 일을 피하고 싶어 했다. 이곳저곳에서 자꾸 사건이 뻥뻥 터져 댔고, 이에 지친 김 팀장은 결국 회사를 그만두었다. 반면 후임으로 온 박 팀장은 너무나 달랐다. 애써도 티가 별로 안 나는 일이었지만, 어려운 일을 하면서 자신이 성장할 수 있다고 믿는 것인지 모든 일에 대해 수용적이었다. 어려운 일을 하는 데 대한 자부심이 있는 듯 보였다. 그는 나름대로 할 수 있는 일을 구분하고, 그 작은 일을 성실히 하는 데서 즐거움을 찾았다. 늘 웃는 낯으로 사람을 대하고, 과도한 일은 조정해 가려고 애썼다. 팀원도 당연히 그를 좋아했고 잘 협력해 주었다. 그러니 사업의 결과도 좋았다. 여전히 출장이나 일이 많고 민원도 많았으나 자잘한 일은 차차 조직화되어 자리를 잡아갔고, 간간히 주위 사람에게서 감사의 글도 올라왔다.

스트레스의 원인에 긍정적으로 반응하느냐 부정적으로 반응하느냐에 따라서 과정과 결과가 이렇게 다르다. 자, 그럼 스트레스원에 반응하는 긍정적인 태도는 어떻게 생기는 것일까. 먼저 무엇보다도 중요한 것은 삶을 즐겁게 보는 관점이고, 성실 · 책임 · 중용의 태도로 관계를 아름답게 키워 가는 것이 요구된다. 그리고 자신의 육체와 정신을 탄탄히 하는 것이 필요하다. 이런 유쾌 스트레스에 관심이 생겼다면 그와 관련된 책을 읽어 보기를 권한다(LaRoche, 2004).

반면 불쾌 스트레스는 유쾌 스트레스와 달리, 우리의 에너지 자원이나 능력을 초과하는 과다한 요구가 올 때 일어난다(Le Fevre, Matheny, & Kolt, 2003). 이러한 스트레스원에 대한 반응으로 우리가 불편함을 느껴 관리가 필요한 스트레스가 주로 이 불쾌 스트레스라고 할 수 있다.

통신연구소에서 일하고 있는 J 씨는 직장상사 때문에 조직 생활이 무척 힘들었던 때가 있었다. 새로운 부서로 오게 된 J 씨는 마치 어느 날 갑자기 성별이 바뀐 것처럼 완전히 새로운 일을 맡게 되었다. 능력을 인정받아 특별 채용되어 온 부서임에도 불구하고 모든 것이 새롭고 공부해야 하는 것 투성이었다. J 씨에게 가장 중요한 것은 동료나 상사와의 정보 공유와 교류였다. 그러나 사람들은 만만치 않았다. 아무리 친근하게 다가가도 동료는 마음의 문을 열지 않았다. 상사는 듣던 소문과 다르다며 계속 J 씨의 능력에 대해서 의심의 눈초리를 보내는 것 같았다. 게다가 숨이 턱턱 막힐 정도의 벅찬 업무량이 하루하루 늘어만 갔다. 어떤 것 하나도 제대로 풀리지 않는 상황에서 상사는 계속 J 씨를 쪼아댔고, 결국 J 씨는 우울감과 무능감에 빠지게 되었다.

　스트레스원은 자신이 처해 있는 상황을 어떻게 느끼냐에 따라 다른 결과로 받아들인다. 즉, 개인마다 일을 처리하는 능력, 환경에 대한 적응력, 변화 가능성이 서로 다르기 때문에 똑같은 스트레스원이더라도 각기 다른 반응을 나타내게 된다. 그러므로 스트레스원은 대처하는 방식에 따라 부정적인 반응으로 나타나기도 하고, 긍정적인 반응으로 나타나기도 한다(강동묵, 2005). 물론 너무 많은 스트레스 요인은 불쾌 스트레스를 더 잘 유발하겠지만, 감당 가능한 정도의 스트레스 요인은 유쾌 스트레스로 전환될 가능성이 크다.

왜 나만 스트레스가 있는 거죠

아무리 주변을 둘러 봐도 스트레스가 없는 사람은 없을 것이다. 액면가로 보자면 우리의 삶은 태어나서 세상을 떠날 때까지 스트레스와 함께 공존하는 고단한 삶이다. 그런데 신기하게도 똑같은 환경에서 비슷한 일을 하면서도 나는 엄청난 스트레스를 받고 힘들어하는데, 옆의 동료는 스트레스 없이 쉽게 살아가는 것 같은 때가 있다. 코칭과 상담을 하다 보면 "선생님, 다른 사람은 다 잘 버티는 것 같은데, 왜 저만 이렇게 스트레스를 받는 거죠?"라고 말하는 직장인을 종종 만난다. 자, 내가 어딘가 부족하다는 이유 때문에 나 혼자만 스트레스를 받는 것이 아니라, 이 세상에 사는 그 누구라도 스트레스를 받고 있다는 것을 먼저 기억하자. 스트레스 관리는 바로 그 시점에서 시작할 수 있다.

심리학자의 표현을 빌리자면, 평형 상태를 유지하고 있는 우리 삶의 평온한 상태를 깨뜨리는 스트레스원은 '위험요인risk factor' (김택호, 2004)이다. 위험요인이란 우리를 부적응하게 만드는 개인적 또는 환경적인 특성을 말한다. 이 위험요인은 학자에 따라서, 부정적 결과가 생길 가능성을 예측하는 예측 변인predictor이라고 부르기도 하고 부정적인 생활 상태를 나타내는 기술 변인descriptor 이라고 부르기도 한다.

상담이나 코칭 장면에서 만나는 내담자의 안색이 좋지 않아서 "요새 무슨 일이 있으세요? 힘들어 보이시네요."라고 말을 건네면, 이런 대답이 돌아온다. "글쎄 말이에요. 도대체 요새 왜 이렇게 힘든지 모르겠어요. 한 달 전에 종합검진을 받았을 때만 해도 아무 일 없다고 했었거든요." 그런데 상담이나 코칭을 진행하면서 자신이 무엇 때문에 스트레스를 받는지를 파악하고 나면, 신기하게도 그의 안색은 훨씬 밝아진다. 많은 경우 우리는 본인이 왜 힘든지를 잘 모른다. 그런데 스트레스를 잘 관리하려면, 내가 어떤 자극으로 심리적인 압박을 받는지를 정확히 인식하는 것이 도움이 된다. 현재 자신의 상태를 명확하게 이해하고 파악하면, 당연히 그 어려움을 풀 수 있는 해결책을 찾는 일도 훨씬 손쉬워진다.

사실 우리가 살아가는 환경에는 언제나 스트레스가 함께 존재하고 있다. 너무 덥고, 너무 춥고, 너무 가물고, 쏟아졌다 하면 폭우나 폭설, 고르지 못한 기후 때문에 오염된 물과 공기, 건강을 위협하는 음식, 귓가를 어지럽히는 소음, 쾌적하지 못한 주거 환경 등 모두 우리가 기본적인 생명을 유지하는 데 영향을 주는 환경이지만, 불편함을 끼치는 경우가 많다. 이런 물리적 환경에서의 스트레스와 함께 연일 투쟁하는 정치판, 시위의 과잉진압 논란, 임금협상을 둘러싼 경제계 갈등 등 우리를 둘러싼 사회적 환경도 중요한 스트레스 원천이 될 수 있다. 어디 그뿐인가? 출퇴근 시간이면 콩나물시루가 되어 도저히 발을 들이밀 수조차 없이 꽉 차 있는 지하철과 버스, 주말과 명절이면 정체되는 여행길과 고향길, 교통 환경 또한 스트레스다. 그래서 현대인의 하루는 힘들게 시작되어 힘들게 끝난다. 부부간 갈등, 친가나 시가와의 불편함, 자녀 양육을 위해 필요한 경제적·심리적 어려움 등 가족 간의 크고 작은 문제가 일상을 고달프게 한다. 어디 가족뿐인가? 위층에서는 아기가 통통통 뛰어다녀 아파트 천장이 울리는 일을 겪거나, 주차장 부족으로 골목마다 주차난을 겪다 보면 이웃끼리 갈등이 생긴다. 같은 취미를 위해 모인 동호회원끼리도 때로는 견해차, 때로는 성격차 등으로 갈등과 반목이 일어나 인간관계에서 커다란 스트레스를 받기도 한다.

그렇다면 현재 '나 자신에게 스트레스가 되는 위험요인이 무엇인가.'를 알아보기 위해, 나의 생활 반경 내에 존재하는 위험요인을 점검해 보는 것은 의미 있는 일이 될 것 같다. 요즘 많은 조직에서는 구성원의 심리적 건강의 지표로서 '일과 사생활의 균형Work-Life Balance/Work-Life Harmony'을 강조하고 있다. 주로 1960년대 이전 출생한 세대를 부모님 세대로 본다면 그들은 "잘 살아보세."를 외치며, '일'이 우선되고 '개인적인 삶과 가정'이 희생되는 인생을 당연히 여기고 열심히 일만 하는 삶을 추구해 왔다. 그러나 이제는 인생의 두 가지 큰 축인 '일'과 '사생활'이 어느 한쪽으로 기울어지지 않고 균형을 잡는 것이 중요하며, 이를 위해 기업과 구성원이 건강하게 협력하여야 한다는 철학에 이견을 제기하는 사람은 없는 상황이 되었다. 그리고 요즘의 젊은 Y세대Young Generation는 '일과 삶의 균형'을 넘어서서 '일과 삶의 통합integration'을 추구하는 수준까지 이르렀다. 우리가 심리적 · 신체적 건강, 소위 웰빙well-being 상태로 인생을 유지하기 위해 항상 신경 써야 할 두 개의 큰 축은 일과 삶으로 나누어 볼 수 있다. 다음 2장에서는 이렇게 두 분야로 나누어서 스트레스원에는 어떤 것이 있는지 한번 살펴보도록 하였다.

02
스트레스의
원인 이해하기

'일' 때문에 힘들다

일work을 하는 가운데 나를 자극하는 원인은 크게 두 가지로 볼 수 있을 것 같다. '지금 하고 있는 일 자체가 ~해서 힘들어.' 식의 직무 특성과 '나랑 같이 일하는 ~ 씨 때문에 힘들어.' 식의 직무상 대인관계가 그것이다.

'일' 그 자체가 스트레스

내 일의 속성 자체가 스트레스원이 되는 경우를 보면, 내가 처리해야 할 일이 너무 많다는 '업무 과부하', 업무에 대해 내가 어느 정도의 권한이 있다고 느끼는가의 문제인 '통제력', 일에서 무엇을 얼마나 얻게 되는가의 문제인 '보상', 업무 배분이나 처우에서 타인과 비교했을 때 동일한 대우를 받고 있는가의 문제인 '공정성', 그 밖에 '가치 부여'의 문제와 일터의 '물리적 환경' 등으로 나누어 볼 수 있다.

'일' 이 너무 많아서 힘들다

평일 저녁 10시, 광화문이나 테헤란로에 자리 잡고 있는 빌딩을 올려다보면, 거의 모든 건물에 층층마다 환하게 불이 켜져 있다. 상담-코칭에서 만나는 내담자도 사원, 대리, 과장, 차장, 부장, 임원 할 것 없이 "평일 퇴근시간이요? 한, 10시나 11시쯤?" 이라는 대답이 빈번하게 들린다. 상사가 퇴근하지 않으면 할 일이 없어도 책상 앞에 붙어 앉아 뭉그적거리던 일은 예전에 비해 많이 줄어들었다. 그렇다면 이렇게 늦게까지 일을 하는 이유는? 정말 일이 많아서일 것이다.

"현재 제가 담당하고 있는 일을 마감 기한 내에 처리하려면, 절대적으로 시간이 부족한 상황입니다. 오전 7시 반쯤 출근해서 오후 10시 정도까지 일을 하다 보면, 회사에 있는 동안 다른 생각을 할 겨를이 없을 정도로 바빠요." 이 투덜거림은 정말 귀에 익은 레퍼토리다. 요즘 같은 불경기에 여유 있게 일을 나눠서 할 수 있을 만큼의 인력이 있을 리 만무하니, 2~3명이 할 만한 일을 혼자 휘뚜루마뚜루 해내기 위해서는 정말 고양이 손이라도 빌리고 싶다는 푸념이 절로 나올 것이다.

이렇게 하루 종일 정신없이 일하다 보면 집에 돌아와 봤자 "씻고 나서 TV를 좀 보다 보면, 나도 모르게 꾸벅꾸벅 졸고 있는 내 자신을 발견합니다."라는 말과 같은 상황이 된다. 그런데다 직장인 두 명 중 한 명은 '퇴근 후에도 업무에 대한 걱정을 많이 한다.'(경향신문, 2011. 12. 6.)는 이야기까지 나오니, 일에 치어 죽겠다는 하소연이 나올 법하다. 이런 상황에서 개인적인 취미 생활을 할 시간을 내기란 정말 쉽지 않다. 기업 구성원을 대상으로 스트레스 상담을 해 보면, 직장에서 하는 일 이외에 해 보고 싶은 것이 정말 많다. 한 번 얘기해 보라고 하면 손가락을 꼽아 가면서 진지하게 열심히 자신의 꿈을 나열한다. 그 모습을 바라보고 있자니 정말 마음 한구석이 짠해질 정도다. 이와 같이 일은 많더라도 내가 충분히 해낼 수 있을 수준의 일이라면 타고난 뚝심을 믿으며 "한번 열심히 달려 보리라!" 하며 주먹을 불끈 쥘 수도 있을 것이다. 하지만 많은 직장인은 "회사에서는 내가 할 수 있는 것 이상을 요구합니다." "회사에서 요구하는 일을 모두 해내기란 제 능력상 버거워요."라는 부담감을 토로한다. '업무 과부하'란 말에는 일의 양뿐 아니라 업무의 난이도 또한 포함된다.

요새 내가 맡고 있는 일의 양과 내가 요구받는 일의 수준은 내 능력에 비하여 어떻다고 생각되는지 점검해 보자.

〈Checklist: 업무 과부하〉

1	직무상 반드시 해야 하는 업무를 처리할 시간이 부족하다.	예	아니요
2	직무 수행 시 장시간 동안 강도 높게 일한다.	예	아니요
3	일을 마치고 귀가하면, 내가 하고 싶은 것을 못할 정도로 피곤하다.	예	아니요
4	해야 할 업무가 너무 많아서 개인적인 취미 생활을 할 수 없다.	예	아니요
5	직장에서는 내가 할 수 있는 것 이상을 요구한다.	예	아니요
6	직장에서 요구하는 일을 모두 하기가 버겁다.	예	아니요

* '예'가 많을수록, 업무 과부하 때문에 생기는 나의 스트레스 수치는 높은 편이다.

내 마음대로 되는 것이 없어서 힘들다

스스로 자신의 생활을 통제할 수 있다는 느낌은 스트레스 관리에 큰 영향을 미치는 요소다(Frazier, Keenan, Anders, Perera, Shallcross, & Hintz, 2011). 더구나 어떤 때에는 '싫은 일도 해야 하는' 공적 장면인 직장에서는 더욱 그렇다. 직장 일은 '하고 싶다.'고 하고, '하기 싫다. 능력이 못 미친다.'고 안할 수 있는 그런 것이 아니지 않은가. "일을 하면서 스트레스를 받는 이유는 주로 어떤 것이 있을까요?"라는 질문을 했을 때 "글쎄요, 비교적 저는 운이 좋은 편인 것 같아요. 동기한테 이야기를 들어 보면 자기가 하고 싶은 일은 하나도 없다고 하던데, 저는 일에 대해서는 재량권이 꽤 많은 편이에요."라고 대답하는 분은 스트레스 검사를 해 봐도 그다지 스트레스 점수가 높지 않다. 내가 맡은 업무를 어떤 방식으로 할지를 정할 수 없고 내가 일하는 데 필요한 것을 회사에 요청할 수 없는 등 일 처리에 자율성을 갖지 못하는 경우, 일에서 느끼는 스트레스는 상당하다. 그리고 한 가지 더, '내가 열심히 노력하면 업무에서 좋은 성과를 얻을 수 있다.'고 하는 희망 수준이 낮은 경우 또한 상대적으로 스트레스를 많이 받는다.

나는 요새 회사에서 '다람쥐 쳇바퀴'를 돌리듯 그저 수동적인 태도로 주어진 삶을 힘겹게 살고 있는가? 아니면 때로는 쳇바퀴를 만들어 보기도 하고, 쳇바퀴 위에서 뛰어 보기도 하는 능동적인 삶을 살고 있는지 생각해 보자.

1	직무 수행 시 내가 일하는 방식은 스스로 정한다.	예	아니요
2	내가 일하는 데 필요한 것을 회사에 요청할 수 있다.	예	아니요
3	내 업무에 대해서 적절한 자율성이 있다.	예	아니요
4	내가 열심히 노력하면 업무에서 좋은 성과를 얻을 수 있다.	예	아니요

* '아니요'가 많을수록, 통제감이 없어서 생기는 나의 스트레스 수치는 높은 편이다.

'일'을 잘해도 돌아오는 것이 없어서 힘들다

관리자가 리더십 평가를 하기 위해 사원·대리급 구성원을 인터뷰하면서 '회사에 기대하는 바는 무엇입니까?'라는 질문을 할 때가 있다. 또 기업 임원의 심리적 건강을 진단하기 위해 '요즘 생활을 하면서 회사에 서운한 기분이 드는 때는 언제입니까?'라는 질문을 던질 때도 있다. 재미있는 것은 두 경우 모두 다음과 같은 대답이 가장 많이 나온다는 사실이다. "회사에서 제가 하는 일을 좀 인정해 주었으면 좋겠습니다." "제가 하는 일을 너무 같잖게 볼 때 화가 나요. 제 나름대로 열심히 하고 있다는 것을 좀 알아줬으면 합니다."

설문조사 결과(한국일보, 2011. 7. 13.)를 보면, 부하 직원의 스트레스 지수를 높이는 상사의 한마디로는 "잔말 말고 시키는 대로 해."(39.2%)가 가장 많았으며, "뭐가 그렇게 바빠. 요즘 하는 일이 뭔데?"(38.6%), "그것도 몰라? 생각 좀 하고 일해."(37.0%), "그동안 뭐한 거야? 빨리 좀 해."(36.4%), "벌써 퇴근이야? 요즘 한가한가 봐?"(21.6%) 등이 뒤를 이었다. 즉, 부하 직원에게는 능력이나 의견을 인정하지 않는 상사의 말이 스트레스로 작용하는 셈이다.

이와 같이, 업무를 하는 데 들였던 노력을 적절하게 평가받지 못한다는 느낌이 들거나 "글쎄 제가 일주일 내내 밤새면서 만든 보고서를 가지고 말이에요. 우리 팀장이 전무님 앞에서 딸랑딸랑 하면서 이렇게 말하더라고요. '전무님~ 제가 물건 하나 만들어 보려고 이번에 애 좀 썼습니다아~ 나이 들어서 밤새려니, 아이고~ 없던 허리 디스크가 생기더라니까요.' 옆에서 보고 있자니, 참 같잖아서요. '내가 지금 이 일을 왜 하고 있는 거야.' 라는 생각이 들면서 뚜껑이 확 열리더라고요." 직장인을 대상으로 '퇴직을 권유하고 싶은 직장상사'에 대해 설문조사를 해 본 결과에서도 가장 많이 나온 답은 '부하 직원의 공을 가로채는 상사'였다(세계일보, 2004. 2. 18.). 이런 경우와 같이, 내가 정성을 기울인 결과물의 공이 다른 사람에게 돌아가 버리는 상황이라면, 스트레스 수치는 급상승할 수밖에 없을 것이다.

〈Checklist: 보상〉

1	나는 내 업무에 대해 다른 사람에게서 인정받고 있다.	예	아니요
2	내가 하고 있는 업무를 적절히 평가 받고 있다.	예	아니요
3	직무 수행 시 내가 들인 노력이 간과되는 경우는 거의 없다.	예	아니요
4	직무 수행 시 내가 기여한 것은 대부분 인정받는 편이다.	예	아니요

* '아니요'가 많을수록, 보상 때문에 생기는 나의 스트레스 수치는 높은 편이다.

요새 출근만 하면 이유 없이 화가 나고, 할 일이 책상 위에 쌓여 있는데도 만사가 귀찮다면, 한번 점검해 보자. 나는 회사에서 노력한 만큼의 인정과 보상을 받고 있는가?

불공평한 대우를 받는 것이 힘들다

'공정성'이란 '사람들에게 자원을 할당하는 데 기준이 되는 규칙의 적용'으로 설명할 수 있다. 즉, '내가 회사에서 받은 인센티브가 옆자리 김 대리와 똑같은가?' '입사 동기 박 과장이 이번에 새로 받은 노트북은 내가 쓰는 것과 동일 사양인가?' 와 같은 질문에 대한 대답일 것이다. 분배의 규칙이란 저울로 달아보았을 때 어느 한쪽이 기울어지는 현상이 없어야 하며, 모두가 합의한 기준에 따라 성립된 것이어야 한다. 그리고 공정성은 '내가 투자한 시간과 에너지, 노력에 대해 받게 되는 보상의 비율이 다른 사람이 얻는 것과 같다.'고 보일 때 발생한다. 따라서 사람은 자신이 받을 만한 가치가 있다고 생각하는 것을 받지 못하거나, 받아야 하는 만큼 받지 못할 때 불공평하다고 느낀다.

임영규와 김영락(2011)에 따르면, 공정성이란 수평적 공정성과 수직적 공정성으로 나뉜다고 한다. 수평적 공정성이란 직장 내에서 모든 구성원에게 동일하게 주어지는 사항별(보수, 승진·승급, 부서 이동, 인사 고과, 업무 분담, 인사 규정, 교육·훈련 기회 제공) 공정성 정도를 의미한다. 그리고 수직적 공정성은 구성원 자신이 갖추고 있는 조건에 비하여, 자신이 직장에서 받고 있는 대우나 보상의 공정성 정도를 가리킨다. 즉, 능력에 대한 보상 공정성, 일과 관련된 기술에 대한 보상 공정성, 노력·학력·경력·성과·책임·스트레스에 대한 보상 공정성 같은 것이다. 연구 결과를 보면, 직장 내에서 수직적 공정성과 수평적 공정성을 높게 평가하는 사람일수록 직장 업무에 대한 몰입도가 강하다고 한다. 조직의 결정 과정에서 특정 집단이나 특정인에 대한 편파가 존재하고 승진과 같은 의사결정이 능력이 아니라 친분관계로 결정된다면, '내가 왜 이 일을 해야 돼? 아무리 노력해 봤자 사장님 처조카가 승진할 텐데.' 식의 회의가 들어서 좌절감에 빠지게 될 것이다. 현재 내가 일하고 있는 직장에서는 구성원의 노력과 능력에 상응하는 보상과 대우를 해 준다고 느끼는지 한번 생각해 보자.

〈Checklist: 공정성〉

1	조직의 자원은 공정하게 할당되고 분배된다.	예	아니요
2	조직에서의 기회는 실력에 의해서 주어진다.	예	아니요
3	조직의 의사결정에 이의를 제기할 수 있는 효과적인 절차가 있다.	예	아니요
4	경영진은 모든 직원을 공정하게 대한다.	예	아니요
5	조직의 결정 과정에는 특정 집단이나 특정인에 대한 편파가 존재한다.	예	아니요
6	승진과 같은 의사결정은 능력이 아니라 친분관계로 결정된다.	예	아니요

* '아니요'가 많을수록, 공정성 때문에 생기는 나의 스트레스 수치는 높은 편이다.

회사에 다니는 의미를 찾지 못해서 힘들다

조직연구에서 개인-직무, 개인-조직, 개인-환경이 서로 얼마나 조화로운가를 나타내는 이 세 요인의 부합수준fit은 성과에 주요한 영향을 미치는 요인으로 알려져 있다(박양규, 여성칠, 2011). 특히 개인-조직이 추구하는 가치부합수준은 조직의 구성원에게 동기를 유발시키는 핵심 요인으로 조명되고 있다. 즉, 조직에서 개별 구성원이 잘할 수 있고 하기를 좋아하며, 자신의 역량을 인정받을 수 있는 영역과 조직에서 구성원에게 수행하도록 할당하는 직무영역이 부합할 때, 구성원은 열정적으로 직무 수행에 몰입하게 된다.

일본의 신입사원에게는 '6월 병'이라는 증상이 있다고 한다(한국경제매거진, 2011. 3. 23.). 4월에 첫 출근한 후, 신입사원 연수를 받고 직장에 배속된 지 1개월 정도 지난 6월에 자주 발생하는 증후군이다. 대개 아침에 구토나 복통이 찾아와 지각·결근을 하는 사례가 많다. 이런 스트레스를 계속 받다 보면 신입사원 10명 중 3~4명이 3년 안에 그만두게 된다. 이렇게 이직을 하는 이유 중 1위는 근무 내용(44.8%)이었고, 그 다음은 경력의 장래성(37.6%)으로 나타났다. 이러한 상황은 우리나라도 크게 다르지 않다. 2009년에 채용된 신입사원 중 대기업은 13.9%, 중견기업은 23.6%, 중소기업은 39.6%가 입사한 지 1년 만에 퇴사했다고 한다(Kmobile 뉴스, 2011. 11. 25.). 어렵게 들어온 회사를 왜 그만두는 걸까? 입사 후에 받고 있는 스트레스가 만만치 않기 때문이다. 입사 1년 미만 신입사원을 대상으로 '구직 스트레스와 직장 스트레스 중 어느 것이 더 심한가.'를 질문해 본 결과, 10명 중 4명(40.2%)은 '직장 스트레스'가 더 심하다고 답을 할 정도였다(매일경제, 2011. 9. 14.).

신입사원의 스트레스 수치가 높아지는 원인에는 여러 가지가 있겠지만, 그중에서도 으뜸인 것은 '내가 지금 하고 있는 일이 어떤 의미가 있는가에 대한 회의감'이라고 한다. 즉, '조직이 추구하는 가치와 내가 추구하는 가치는 별로 유사하지 않다.' '이 회사에서 일을 하기 위해서는 내가 생각하던 가치를 포기해야 한다.'는 생각이 들어, 부담감과 버거움이 몰려오면서 회사를 나가고 싶다는 것이다. 사실 이것은 신입사원뿐 아니라, 우리의 주임님 · 대리님 · 과장님 · 차장님 · 부장님 · 상무님 · 전무님 모두에게 다 해당되는 이야기다. 물론 취직을 할 때에는 '목구멍이 포도청'이라 나에게 월급을 주는 곳이 있다는 것만으로도 감사했지만, 시간이 지날수록 이야기는 달라지게 마련이다. 내가 현재 몸담고 있는 조직의 가치가 평소에 스스로 중요하다고 생각하는 삶의 가치와 일치하는지 이번 기회에 한번 생각해 보자. '요새 별 큰일도 없는데 왜 이렇게 스트레스가 쌓이지?' '매일 아침 알람 소리에 눈을 떴을 때, 왜 이렇게 회사에 가기 싫은 마음이 들까?'에 대한 답을 찾을 수 있을지도 모른다.

〈Checklist: 가치〉

1	직무 수행 시 조직이 추구하는 가치와 내가 추구하는 가치는 유사하다.	예	아니요
2	나는 조직이 세운 목표에 맞춰 나의 업무를 한다.	예	아니요
3	나의 경력목표는 조직의 목표와 일맥상통한다.	예	아니요
4	조직은 질적(Quality) 우수성을 매우 중요시 여긴다.	예	아니요
5	조직에서 내가 생각하던 가치를 양보해야 할 때는 거의 없다.	예	아니요

* '아니요'가 많을수록, 가치 때문에 생기는 나의 스트레스 수치는 높은 편이다.

근무 환경이 좋지 않아서 힘들다

조직 구성원의 근무 환경과 직무 스트레스의 상관에 대한 연구를 보면(박영희, 나중덕, 김선희, 2011), 근무 환경이 좋을수록 직무 스트레스는 낮으며, 자기효능감도 높은 것으로 나타났다. 근무 환경 중에서도 직무 스트레스에 가장 큰 부정적인 영향을 미치는 요소는 물리적 환경, 보상 체계, 인적 환경 순이었다.

미국 경제전문지 『포춘Fortunes』에서 가장 일하고 싶은 기업으로 선정된 구글의 근무 환경은 '상상할 수 있는 최고의 대학 캠퍼스 같은 곳'이라고 극찬을 받는다(매일경제, 2007. 1. 14.). 여러 곳에 산재한 운동장에는 축구나 배구, 탁구, 테니스, 롤러 하키 등 스포츠를 즐기는 사람들이 눈에 띄고, 한쪽 홀에선 비디오 게임을 하는 사람으로 가득하다. 실내 수영장에서 수영을 하는 사람, 헬스클럽에서 웨이트 트레이닝을 하거나 마사지 룸에서 마사지를 받는 사람도 눈에 띈다. 이와 같이 우수한 구글의 근무 환경은 생산성 향상에 크게 기여하는 것으로 유명하다.

당연히 이와 반대로 불편한 자세로 오랫동안 일을 해야 하거나, 유해물질에 노출될 가능성이 있는 곳에서 일을 해야 하거나, 시끄럽고 먼지가 많이 나는 곳에서 일을 해야 하는 등 근무 환경이 불편한 경우라면, 스트레스의 정도는 높아질 수밖에 없다. 내가 현재 일하고 있는 곳의 물리적인 환경은 어떤지, 그 때문에 내 스트레스 지수가 높아지고 있는지에 대해서도 한 번쯤 점검해 보도록 하자.

1	나는 시끄러운 곳에서 일한다.	예	아니요
2	나는 먼지가 많이 나는 곳에서 일한다.	예	아니요
3	나는 불편한 자세로 오랫동안 일해야 한다.	예	아니요
4	나의 근무 환경은 위험하며 사고당할 가능성이 있다.	예	아니요
5	나는 유해물질에 노출될 가능성이 있는 곳에서 일한다.	예	아니요

* '예'가 많을수록, 물리적 환경 때문에 생기는 나의 스트레스 수치는 높은 편이다.

'일'에서 만나는 사람들이 스트레스

직장인 10명 중 6명은 업무보다 대인관계 때문에 스트레스를 더 많이 받고 있다고 한다(한국경제, 2011. 3. 24.). 직장인을 대상으로 대인관계 스트레스의 이유에 대해 설문조사를 해 본 결과, '상사와의 잦은 마찰'이 65.7%로 가장 많았다. 그 다음으로는 '회사 구성원의 인격모독 언행'(24.9%), '동료·후배의 무시하는 발언 및 행동'(21.2%), '동료·후배 간의 잦은 마찰'(17.8%), '직장 내 소외·따돌림'(15.8%) 등인 것으로 나타났다. 자, 그렇다면 첫 번째로 '상사와의 관계'에서 느끼는 스트레스에 대해 알아보도록 하겠다.

상사가 나를 힘들게 한다

기업에 가서 사원·대리급 구성원에게 팔로워십followership 교육을 하면, "우리는 됐고요. 제발 팀장님 대상으로 이런 교육 좀 해 주세요."라고 투덜거리고, 팀장 대상으로 코칭coaching 교육을 하면 "임원님이 이런 좋은 교육을 받아야 되는데~~"라고 아쉬워하며, 임원 대상 리더십leadership 교육을 하면 "강사님이 오셔서 우리 사장님한테 개인적으로 코칭을 좀 해 주세요. 그럼 우리 스트레스가 확 풀릴 것 같습니다."라는 이야기를 한다.

회사에 존재하는 여러 가지 스트레스 위험요인 중, 상사와의 관계는 매우 큰 요소에 속한다. 오죽하면 『보스: 상사는 왜 나를 미치게 하는가』(O' Keeffe, 2011)라는 책도 나오고, 〈스트레스를 부르는 그 이름 직장상사〉(Horrible Bosses, 2011)라는 영화도 나오겠는가. 상사는 나에게 방향을 제시해 주고 나를 육성해 주는 선배이며 멘토여야 하는데, 그렇지 않은 경우가 많다. 게다가 상사 본인은 자신이 관리자 역할을 매우 잘하고 있는 줄 아는 것이 가장 큰 문제이기도 하다. '저 인간은 나를 화풀이해야 할 샌드백으로 생각하나봐.' '박 부장 귀는 막혀 있는 것 같아. 입만 나불나불~ 내 얘기는 듣지도 않지.' '한 팀장은 아무리 생각해 봐도 낙하산인 것 같아. 저 실력으로 어떻게 팀장까지 올라왔을까?' '김 대리가 정말 부러워. 옆 부서 송 팀장님은 김 대리가 실력을 키울 수 있도록 정말 적극적으로 도와주시던데. 우리 팀장은…… 에휴휴휴.' 이와 같이

〈Checklist: 상사와의 관계〉

1	나의 상사는 내 말에 귀를 기울인다.	예	아니요
2	나의 상사는 나의 복지에 관심이 있다.	예	아니요
3	나는 상사에게 화풀이를 당하거나, 상사와 갈등을 겪는 경우가 별로 없다.	예	아니요
4	나의 상사는 내가 업무를 완수하는 데 도움이 된다.	예	아니요
5	나의 상사는 직무 수행에 필요한 능력과 지식이 있다.	예	아니요

* '아니요'가 많을수록, 상사와의 관계 때문에 생기는 나의 스트레스 수치는 높은 편이다.

상사가 내 역량을 키워 주지 않고, 공정하고 객관적으로 내 노력을 평가해 주지 않으면 스트레스가 쌓일 수밖에 없다.

동료만 아니면 스트레스가 없을 것 같다

신규 관리자 대상 교육을 가면, 쉬는 시간에 슬쩍 다가와서 말을 거시는 팀장님이 있다. "팀장이라는 자리에 앉고 보니 정말 낯선 자리구나라는 생각이 들더라고요. 얼마 전까지는 저도 팀원이었잖습니까. 동료와 함께 소주 한잔 기울이면서 팀장 험담도 하고 그랬었으니까요. 그런데 갑자기 팀장이 되고 보니 동료였던 팀원도 저를 보는 시각이 달라지더라고요. 아이고, 팀장님. 막 이러면서…… 이제 모이면 제 욕할 거 아닙니까. 그러니까 결국 회식 자리에서는 1차만 하고 빠져 줘야겠구나라는 생각도 들고요. 이제 동료가 없다는 생각이 들면서, 문득 좀 외로워지더군요. 그렇다고 팀장이 되면 어떻게 해야 한다고 알려 주는 선배님도 없으니까요."

좀 더 비싼 너로 만들어 주겠어. 네 옆에 앉아 있는 그 애보다 더.
하나씩 머리를 밟고 올라서도록 해. 좀 더 잘난 네가 될 수가 있어.

서태지와 아이들의 〈교실 이데아〉 가사 중 일부다. 벌써 18년이나 지난 옛날 노래이지만, 사람들이 회사 동료에 대해 이야기할 때 종종 인용되는 구절이다. 임원을 대상으로 개인 코칭을 하다 보면, "회사에서 어려운 일이 생기면 누구와 의논하시는 편입니까?"라는 질문을 할 때가 있다. 이때 많이 듣는 이야기는 바로 서태지의 노래 가사다. "아무래도 경쟁 사회이니까요. 옆 본부 임원에게도 내가 뭘 고민하고 있는지 이야기하기는 쉽지 않아요. 내 약점을 노출시킨다는 느낌이 드니까요. 회사라는 곳이 정말 소문이 빨리 퍼지잖습니까. 동료를 불신하는 것은 아니지만, 내가 어떤 문제 때문에 골머리를 앓고 있다는 것을 보여 주고 싶지는 않아요. 그러다 보면 혼자 머리를 싸매고 끙끙거릴 때가 많지요."

직급이 올라갈수록 관리자에게 필요한 것은 비슷한 처지의 사람들이 모여 서로 도움을 주고받는 '자조그룹self-help group' 이다. 가지고 있는 노하우도 공유하고, 관리자가 느끼는 외로움과 고민도 함께 나누며, 서로에게 힘을 주는 지지그룹으로서 동료의 존재는 매우 중요하다. 그런데 관리자를 코칭하다 보면 생각보다 회사 내에서 수평적 관계가 껄끄러운 분이 많다. 기획부장은 생산부장과 으르렁대고, 웹디자인 파트장과 소프트웨어 개발 파트장 간에는 천둥번개가 친다. 하지만 조직 내에서의 실적을 높이고 조직이 발전하기 위해서는 업무 관련 부서 및 동료 간의 '수평적 관계' 가 무엇보다 중요하다. 따라서 관리자가 동료를 경쟁자로만 생각해야 할 때, 갑자기 직급이 바뀌어서 동료가 사라졌을 때, 동료 간의 상호작용이 존재하지 않을 때, 스트레스 수치는 높아진다.

직장인 1,096명을 대상으로 조직 내 스트레스의 원인에 대해 질문을 했을 때에도, 5명 중 1명은 '직장 동료와의 관계(19.9%)' 에서 가장 많은 스트레스를 받는다고 응답했다(세계파이낸스, 2012. 2. 10.). 실제로 조직현장에서는 팀워크가 강조되고, 수많은 팀빌딩 team building 활동이 진행된다. 하지만 많은 팀의 경우, 협업이 잘못된 방향으로 이루어져서 오히려 심한 갈등만 초래하고 결과에 대해서는 등한시하는 상황이 벌어지기 일쑤다(Hansen, 2011). 즉, 협업의 목표는 협업 자체가 아니라 성과를 내는 것이라는 것을 잊게 되는 것이다. 이와 같이 동료와 일을 할 때 서로 협력하지 않는다거나 의사소통 과정이 삐걱대고 불협화음을 낸다면, 회사에서의 스트레스 수치는 높아지게 마련이다.

〈Checklist: 동료와의 관계〉

1	나의 동료는 각자의 역할을 잘 수행하기 위해 서로 믿고 의지한다.	예	아니요
2	나의 동료는 직무 수행 시 서로 도움을 준다.	예	아니요
3	나의 동료는 서로 협력한다.	예	아니요
4	나의 동료는 원활한 의사소통을 한다.	예	아니요
5	나는 동료와의 관계에서 거리감을 느끼지 않는다.	예	아니요

* '아니요'가 많을수록, 동료와의 관계 때문에 생기는 나의 스트레스 수치는 높은 편이다.

부하 녀석 때문에 살기가 너무 힘들다

방금 앞에서 이야기했던 상사와의 관계는, 내가 승진하여 상사의 입장이 되었을 때 부하 직원과의 관계에서 평행이론처럼 되풀이된다. 부하가 나(상사)에게 바라는 것은 내가 부하 직원이었을 때 상사에게 기대했던 것이었지만, 그것이 안타깝게도 내가 상사일 때에는 잘 기억이 나지 않는 것이 현실이다. '내가 저만할 때는 안 그랬는데.' '내가 저 나이 때는 안 그랬는데.'라는 생각이 자꾸 머리를 괴롭힌다. 내가 부하 직원의 입장이었을 때 맘에 안 드는 상사를 바라보면서, '나는 정말 나중에 저러지 말아야지.'라며 되뇌던 마음은 흔적조차 찾아보기 어렵다.

그 대신에 우리의 머릿속에서는 이런 생각만이 떠돌아다닌다. '저 자식은 도대체 생각이라는 것을 하는 걸까? 내가 화이트보드에 쓰면서 설명했던 내용만 그야말로 사진 찍듯이 찍어서 기획서에 넣어 놨네. 내 참, 머리는 완전히 장식품으로 달아 놨구먼. 저런걸 따까리라고 데리고 일을 하려니…… 어이구, 복장 터져!!' '요새 것들은 왜 이렇게 싸가지가 없는 걸까? 우리 때는 진정한 KKSS(까라면 까고, 시키면 시키는 대로)였는데, 젊은 것들은 새로운 KKSS라네(까라면 가고, 시키면 신경질 내는). 회식자리에서도 선배하고 얘기를 하기는커녕, 혼자 멍청히 앉아서 스마트폰만 뒤지고 있고, 뭐 하나 물어보면 단답형으로 끝내고. 도대체 어디서부터 손을 대야 할지를 모르겠단 말이야.'

직장인을 대상으로 한 설문조사(한국일보, 2011. 7. 13.)에서도 이러한 불만은 여기저기서 튀어나온다. 스트레스 수치를 높이는 부하 직원의 한마디로는 "이걸 왜 제가 해야 하나요? 제 일이 아닙니다."라는 응답이 56.0%로 가장 많았다. 고민도 해 보지 않고 무작정 "어떻게 하면 돼요?"(45.2%), 팀 업무가 남아 있는데도 퇴근하면서 "이만 들어가 보겠습니다."(31.6%)라고 인사하는 부하, "저 오늘 바쁜데요."(26.6%)라는 부하 직원의 한마디에도 직장상사는 스트레스를 받는 것으로 나타났다.

〈Checklist: 부하와의 관계〉

1	나의 부하는 가끔 나의 권한을 침해하는 경우가 있다.	예	아니요
2	나의 부하는 가끔 내 지시를 이행하지 않는 경우가 있다.	예	아니요
3	나의 부하는 내 생각과 상반되는 행동을 자주 한다.	예	아니요
4	나의 부하가 업무를 수행할 때 왠지 불안한 느낌이 든다.	예	아니요
5	나의 부하는 업무에 자신이 없어 종종 회피하는 것 같다.	예	아니요

* '예'가 많을수록, 부하와의 관계 때문에 생기는 나의 스트레스 수치는 높은 편이다.

고객 때문에 회사 다니기가 힘들다

서비스 분야에서 일하고 있는 직장인은 자신의 감정을 숨기고 고객이 원하는 감정으로 대하도록 조직에서 요구받는 경우가 많다. 그러다 보면 자신의 감정을 통제하고 조절하여, 고객과의 대면 접촉 시 조직이 규정하고 있는 감정 표현을 해야 하는 스트레스를 받게 된다. 이렇게 서비스 업종의 종사자가 자신의 실제 감정을 통제하려는 노력과 바람직해 보이는 특정한 감정을 표현하려는 노력을 하게 되는 것을 '감정노동'이라고 한다(강수연, 이창환, 2011). 고객을 상대해야 하는 부서에 있는 근무자라면 누구나 경험하지만, 특히 텔레마케팅 종사자, AS센터나 고객센터 등에서 고객 응대를 해야 하는 사람들이 많이 경험하게 되는 스트레스다.

국가인권위원회에서 여성 감정노동자와 관련한 소비자 설문조사(경향신문, 2011. 11. 29.)를 실시한 결과, '여성 감정노동자에게 화풀이를 한 적이 있는가?'라는 질문에 '경험이 있다.'고 응답한 사람은 22.3%로 나타났다. 그리고 '여성 감정노동자가 소비자 때문에 받은 스트레스로 우울증을 앓거나 질병에 걸릴 수 있다는 것을 알고 있다.' 고 응답한 사람은 81.2%나 되었다.

만약 내가 고객을 대할 때마다 기분이 좋은 것처럼 연기를 해야 한다거나, 실제 느끼는 감정이 아니라 해당 상황에 적합하다고 생각되는 감정을 고객에게 보여 주어야 한다면, 그때 느끼는 스트레스란 상당한 수준일 것이다.

이와 같이 주로 서비스직에 종사하는 사람을 중심으로 '감정노동' 에 대한 논의가 이루어진다. 철저한 고객만족 마인드와 자기감정 컨트롤을 생명처럼 여기고 고객에게 욕설, 성희롱, 인신공격을 받아도 참고 웃으며 대답해야 할 때 스트레스가 엄청난 것은 당연할 것이다. 하지만 서비스직이 아니더라도 모든 일에는 고객이 존재한다. 우리의 가치를 돈으로 사가는 외부 고객뿐 아니라, 같은 회사에 근무하는 다른 부서의 내부 고객도 있다. 예를 들어, HR부서의 경우에는 사업부서 구성원이 가장 무서운 '갑(甲)'이라고 말한다.

직장인이 술자리에서 많이 하는 이야기 중에, '나는 언제 갑(甲)이 돼 보나. 진짜, 치사하고 더러워서 못해 먹겠다. 이놈의 을(乙)생활…….' '너는 뭐 평생 갑일 줄 아냐. 어디 두고 보자.' 라는 것이 있다. 일반적으로 '갑' 은 상대적으로 지위가 높은 계약자를 지칭하고 '을'은 상대적으로 지위가 낮은 계약자를 가리킨다. 또 어떤 프로젝트의 경우에는 '갑' - '을' - '병'까지 가기도 한다. '병'의 경우에는 모셔야 할 고객이 '을' & '갑' 둘이나 있는 것이다. 사실 우리 모두는 '갑'이자 '을'이다. 아무리 큰 기업의 사장님이라도 개인 소비자 앞에서는 '을'이 되며, 정말 조그만 출판사의 신입사원이라도 하청 인쇄소의 사장님 앞에서는 '갑'이 된다. 재미있는 것은 동일한 사람도 '갑'일 때와 '을'일 때의 태도와 마음가짐이 달라진다.

'을'이 '갑'과의 관계에서 겪는 스트레스를 보면, '갑'이 자신의 권리만을 강조하며 목에 힘을 주고 을의 의무만을 강요하는 경우가 많다. '내가 너한테 돈을 주잖아. 그만큼의 가치를 내놓으라고. 힘들다고? 누군 안 힘드냐? 나도 만날 집에 늦게 가~ 그런데 네가 일찍 퇴근한다고? 돈 값을 하란 말이야. 우리가 뭐 돈이 남아돌아서 펑펑 쓰는 줄 아냐고?' '계약서에 있는 부분은 모두 처리했다고요? 오잉? 무슨 소리세요~ 서비스로 이거저거까지는 만들어 줘야죠. 그 정도는 관행인데? 이런 일 처음 하시나 보다~'

요새는 갑을관계가 더 이상 예전만큼 상하관계나 복종해야 하는 주종관계가 아니고, 서로를 존중하는 수평관계나 동반자로서의 파트너관계로 가고 있는 중이지만, 아직도 '을'을 종 부리듯이 하는 '갑'이 가끔 있다. "사장님~ 그동안 안녕하셨죠? 저 이 대리예요. 요새 왜 이렇게 뜸하세요? 우리 부서 이번에 회식하는데, 오셔야죠?" 갑의 회식자리에 을을 불러서, 회식비용을 부담하고 술까지 따르라고 하는 것이 관례였던 기업도 있었다고 한다. 서로의 생각과 감정을 존중하는 수평관계가 아니라 상대방의 무리한 요구에 대해 아무 말 못하고 복종해야 하는 수직관계에서 느껴지는 스트레스는, 특히 '금전'이 끼어 있는 비즈니스 고객과의 관계에서 느끼는 스트레스는 자신의 존재 가치도 가끔은 의심하게 할 만큼 클 거라 생각한다.

〈Checklist: 고객과의 관계〉

A	고객의 부당한 기대		
1	고객은 자신에게 특별한 대우를 해 주길 요구한다.	예	아니요
2	고객은 우리가 매우 바쁘다는 사실을 인정해 주지 않는다.	예	아니요
3	고객은 스스로 할 수 있는 일도 우리가 해 주길 바란다.	예	아니요
4	고객은 안 좋은 기분을 우리에게 풀려고 한다.	예	아니요
5	고객은 우리가 정해진 규정에 따라 일한다는 것을 이해하지 못한다.	예	아니요
6	고객은 특별한 이유 없이도 불평을 늘어놓곤 한다.	예	아니요
7	고객은 터무니없는 요구를 한다.	예	아니요
8	고객은 일처리를 빨리해 달라고 독촉한다.	예	아니요
B	고객의 언어적 공격		
1	어떤 고객은 종종 우리에게 소리를 지른다.	예	아니요
2	어떤 고객은 우리에게 언어폭력을 휘두른다.	예	아니요
3	어떤 고객은 계속 불평불만을 늘어놓는다.	예	아니요
4	어떤 고객은 아주 사소한 문제에도 우리에게 화를 낸다.	예	아니요
5	어떤 고객은 우리를 집요하게 물고 늘어진다.	예	아니요
C	비호감 고객		
1	어떤 고객은 매우 적대적이다.	예	아니요
2	어떤 고객은 마음에 전혀 여유가 없다.	예	아니요
3	어떤 고객은 완전 비호감이다.	예	아니요
4	고객 때문에 업무 리듬이 계속 깨진다.	예	아니요
D	고객의 모호한 기대		
1	어떤 고객은 종종 앞뒤가 맞지 않는 요구를 한다.	예	아니요
2	고객이 원하는 것이 무엇인지 불분명할 때가 많다.	예	아니요
3	고객의 문제를 해결해 가는 과정이 너무 어렵다.	예	아니요
4	고객의 요구사항은 우리를 종종 혼란스럽게 한다.	예	아니요

* '예'가 많을수록, 고객과의 관계 때문에 생기는 나의 스트레스 수치는 높은 편이다.

개인적인 '삶' 때문에 힘들다

회사에서의 매출 독려, 상사의 폭포수 지시, 동료와의 사소한 신경전…… 전쟁 같은 일터에서의 하루가 저물고 집으로 돌아가면 피로가 몰려온다. 집으로 돌아왔다는 기쁨과 함께 놀아주길 기대하는 아이의 초롱초롱한 눈, 하루 종일 육아와 가사 일에 시달리며 남편을 절실히 기다리던 아내의 푸념과 잔소리가 메아리친다. 겨우 잠자리에 들면, 오늘 다 처리 못한 일거리 생각, 상사에게 하지 못하고 참았던 말, 마음에 두었던 섭섭함, 분노도 스멀스멀 올라온다. 안 써도 될 돈인데 괜히 카드를 긁었다는 후회도 밀려든다. 일터를 빠져나가도 역시 기다리고 있는 것은 스트레스다. 우리가 경험하는 스트레스원은 직장을 벗어나도 역시 곳곳에 도사리고 있다.

나의 생활 환경이 나를 힘들게 한다

우리의 생활을 지배하고 있는 물리적 환경은 중요한 스트레스

원천이다. 기상 관측 이래 최저 기온, 100년만의 최대 적설량, 시간당 최대 강수량, 고르지 못한 날씨, 모두가 스트레스의 원천이다. 기껏 여름휴가 날짜를 잡아놨더니 폭우가 쏟아지고, 연휴를 이용해서 스키를 타려고 콘도를 예약해 두었더니 날씨는 따뜻하고 눈이 안 온다. 대지진에 원전 붕괴와 방사능 오염은 그 지역 사람의 삶을 완전히 폐허로 만들어 버린다. 이 모두가 엄청난 스트레스다. 허리띠 졸라매고 개발 중인 신도시에 아파트 하나를 어렵게 장만하였더니, 창문을 열어 놓을 수 없을 정도로 공사 소음과 먼지가 장난이 아니고, 집값은 떨어지고 있단다. 명절에 일가친척 한 번 모이려면 대중교통은 표가 없고, 자가용을 끌고 나서면 고속도로 차량 행렬이 끝이 안 보인다.

비행장 주변의 집에서 오래 산 사람에 대한 연구 결과를 보면, 청력 손상, 호흡기나 순환기, 소화기 장애가 여타 지역 주민에 비해 더 많다. 비행기 소음, 기차 소음, 공사장 소음 그리고 이런 소음을 피하려고 귀에 꽂고 듣는 음악 등 일정 수준 이상의 소음에 장기간 노출되면 수면장애뿐 아니라 짜증이 늘고 불쾌감에 시달리게 된다. 우리 생활 환경을 이루고 있는 대도시의 과밀화는 그 빠른 속도와 복잡함 때문에 우리에게 정신적 피로감을 불러와 짜증을 더 많이, 더 자주 내게 한다.

인체의 신경계와 호르몬 체계가 지배하는 생물학적인 활동의 자연스러운 주기가 바이오리듬이다. 이 바이오리듬은 신체 활동, 지적 활동 그리고 정서 각각에 일정 주기가 있다. 하지만 우리는 스스로가 생리학적 시간이나 리듬에 맞추어 살기보다 현실 세계에서 요구하는 24시간의 시간적 · 경제적 효율성에 맞추어야 한다. 그러다 보면 신체의 자연 리듬은 파괴되고 우리의 인체는 스트레스를 받게 된다. 우리가 함께 살기 위해 지키고 있는 사회 환경의 시간이라는 개념 자체도 생체 리듬과는 별개로 움직이는 스트레스원이다.

또한 개인의 생활 습관도 스트레스 반응을 자극하는 스트레스원이다. 개인의 생활 습관에는 커피, 흡연, 음주 등 다양한 섭식 습관이 포함된다. 많은 사람이 즐겨 마시는 커피나 차, 초콜릿, 콜라 속에 들어 있는 카페인은 스트레스를 관장하는 교감 신경을 자극하는 크산틴 약물군의 화학물질이다. 카페인뿐 아니라 담배의 니코틴 성분 역시 교감신경을 자극하는 화학 성분이다. 니코틴은 심장 박동, 혈압, 호흡수를 증가시키고 포도당 분비를 자극하여 스트레스 자극에 대한 인체 반응을 일으킨다. 즉, 우리 생활 속에 깊숙이 스며들어 있는 커피나 담배가 모두 스트레스원인 것이다.

스트레스를 받았으니 술 한잔하여 시름을 달래자는 현대인. 그러나 술 속의 알코올도 스트레스와 관계가 깊다. 음주 후 알코올 분해에는 포도당뿐 아니라 다량의 비타민이 요구된다. 특히 비타민 B 복합체는 스트레스 반응에 중요하다. 그런데 설탕이나 사탕 같은 당분이 많은 식품은 비타민 B를 고갈시킨다. 그래서 너무 많이 먹으면 불안과 흥분 등의 스트레스 반응을 유발한다. 또한 염분 함량이 높은 식품도 혈압을 상승시키는데, 혈압 상승 또한 스트레스 반응으로 볼 수 있다. 우리의 생활 습관과 관련이 깊은 식습관 역시 우리 몸의 스트레스 반응을 불러일으키는 중요한 원천이 될 수 있다. 나를 둘러싸고 있는 물리적 생활 환경과 식습관을 비롯한 나의 생활 습관을 점검해 보자. 어떤 스트레스원이 나도 모르는 새 나를 자극하고 있는지, 나도 모르게 보이던 짜증이나 우울감, 불안 과 같은 일종의 스트레스 반응이 이러한 자극과 관련이 있지는 않 은지 잠시 생각해 보는 시간을 갖자.

일상적인 사건이 나를 힘들게 한다

우리의 생활환경은 일상적이고 규칙적인 일 외에도 시시때때로 일어나는 크고 작은 사건으로 이루어진다. 그리고 우리가 일상생 활에서 경험하게 되는 이 사건들은 우리로 하여금 새로운 환경에 적응할 것을 요구한다. 스트레스를 연구하는 한 학자는 새로운 것 에 적응을 하도록 요구하는 각 생활 사건에 대하여, 그 영향력에 따 라 객관적으로 수량화된 값을 부여하였다. 이를테면 배우자의 사 망은 100점, 가까운 가족의 사망 63, 결혼 50, 정년퇴직 45, 명절 12, 경미한 법률 위반 11점 등 영향력의 정도에 점수를 매긴 것이 다. 그리고 이를 생활변화량(Life-Change Unit: LCU)이라 지칭하고 지난 1년간 얼마나 자주 경험했었는지 점수의 합계를 내어 우리의 생활변화량을 측정하였다. 이렇게 만들어진 것이 사회재적응 평정 척도(Holmes & Rahe, 1967)이고, 같은 척도를 우리나라에서도 한 국적 문화 상황에 맞게 표준화(조대경, 이관용, 김기중, 1994)하였다.

김대한 군은 고등학교를 졸업하고 대도시에 자리 잡은 대학에 진학하여 어엿한 대학생이 되었다. 그런데 대학에 진학하고 보니 고등학생에서 대학생으로의 신분 변화만 이루어진 것이 아니었다. 생활비를 아끼기 위해 기숙사에 들어가고 보니 주거 형태와 주거 환경에 동시 다발로 변화가 생겼다. 고등학교 3학년 때까지는 방을 혼자 사용했었는데, 이젠 룸메이트와 공유해야 한다. 그러다 보니 컴퓨터를 늦게까지 사용하는 것, 조명을 켜고 끄는 것, 음악을 듣는 것, 늦게까지 전화를 걸고 받는 것 등 모든 것에서 룸메이트 눈치를 봐야 한다. 집에서는 언제나 먹고 싶을 때 먹을 것이 있었지만, 기숙사 생활을 하고 보니, 아침에 좀 늦게 일어나거나 친구와 잠시 정신 놓고 놀다 보면 정해진 식사 시간을 놓쳐 먹을 수가 없고 따로 돈을 써야 한다. 집에서는 빨래를 그냥 두면 가만히 있어도 세탁이 되는 어머니표 세탁소가 있어 언제든 입을 것이 있었는데, 독립하고 나서는 바쁘고 귀찮아 빨래를 안 하면 갈아 신을 양말이 없고 속옷이 없다. 오죽하면 집 떠난 기숙사생, 자취생의 집에 다른 건 몰라도 양말은 30켤레 이상이란 말이 있을까. 룸메이트와 공유해야 하는 기숙사 방이 싫어 혼자 자취방을 선택하고 나면 집에는 늘 있던 화장지와 비누, 치약도 스스로 사지 않으면 없다. 곤충이 허물 벗듯, 이불을 쏙 빠져나가고 옷 갈아입고 나갔다 들어와 보면, 정말 그대로다. 아무도 치워 주지 않고, 보살펴 주지 않는다. 먹을 것이 떨어지고 생활필수품이 떨어져도 철저히 스스로 구해야 한다. 혼자다.

우리가 일상생활에서 경험하게 되는 크고 작은 사건은 각각 하나의 경험으로 적응을 요구하기도 하지만, 한 가지의 생활 변화가 연쇄적으로 크고 작은 변화를 불러 오기도 한다. 그래서 생활 사건 하나하나보다는 삶에 영향을 끼치는 사건의 전체 생활 변화량이 중요하기 때문에, 사회재적응 평정척도에서는 생활 변화량의 전체 합계를 고려하였다. 물론 우리가 살아가는 일상 생활 하나하나가 모두 변화와 적응을 요구하는 스트레스이긴 하지만, 스트레스 원천이 되는 여러 생활 사건이 동시 다발적으로 일어나면 각 위험 요인의 영향력은 복합적으로 상승한다. 실직하면서 교통사고가 나고, 동시에 가족에게 치명적 질병이 생기면 경제적으로뿐 아니라 신체적·심리적으로 그야말로 엎친 데 덮친 격인 총체적 난국이 된다. 이렇게 총체적 난국을 겪으면 우리의 건강은 스트레스의 영향을 받는다. 스트레스의 영향으로 인체에 있는 자연 면역력이 약화되기 때문이다.

살면서 우리에게 다가오는 스트레스 사건은 반복되기 마련이다. 때문에 스트레스 생활 사건의 유무보다는 일정 기간 동안 '얼마나 자주' 경험하느냐가 우리 건강에 영향을 미친다. 짧은 기간 동안 너무 많은 스트레스 사건이 한꺼번에 발생하면 건강상의 문제가 생긴다. 연구자는 사회재적응 평정척도의 총점이 1년에 300점을 넘으면 79% 이상이 다음해에 질병을 앓는 것을 발견하였다. 1년 안에 경험하게 되는 생활 변화량이 그렇게 많다는 것은 심각한 생활 위기를 초래하는 위험한 상태라고 해석할 수 있다. 우리도 다음의 척도를 사용하여 스스로의 생활 스트레스를 점검해 보도록 하자.

<사회재적응 평정척도>

	생활상의 변화	점수		생활상의 변화	점수
1	배우자의 사망	100	23	자녀의 출가	29
2	이혼	73	24	고부간의 갈등	29
3	별거	65	25	탁월한 개인적 성공	28
4	유죄 선고	63	26	아내가 직장에 나가기 시작하거나 중단함	26
5	가족의 사망	63	27	입학이나 졸업	26
6	상해나 질환	53	28	생활 조건 변화	25
7	결혼	50	29	개인적 습관의 수정	24
8	해고	47	30	상급자와의 갈등	23
9	부부간 불화	45	31	작업 시간이나 조건 변화	20
10	정년퇴직	45	32	수소 변경	20
11	가족의 건강상태 변화	44	33	학교의 불편	20
12	임신	40	34	오락 변경	19
13	성 문제	39	35	교회 활동에서의 변화	19
14	새로운 가족구성원 출현	39	36	사회 활동에서의 변화	18
15	사업의 재조정	39	37	100만 원 이하의 저당	17
16	재산 상태 변화	38	38	수면 습관 변화	16
17	친구의 사망	37	39	가족이 만나는 횟수 변화	15
18	직업의 변경	36	40	섭식 습관 변화	15
19	배우자와의 말다툼 횟수 변화	35	41	휴가	13
20	1000만 원을 초과하는 저당	31	42	명절	12
21	저당분의 경매 처분	30	43	경미한 법률 위반	11
22	일에서의 책임 변화	29			

출처: 고명연, 옥수민, 권경민, 태일호, 안용우(2009). SRRS를 이용한 BMS 환자의 생활변화에 관한 연구.

사회적인 압력이 나를 힘들게 한다

생활환경이나 사건과 같이 물리적인 것만이 스트레스는 아니다. 형체가 안 보이지만 우리에게 큰 자극원이 되는 사회적 압력은 우리에게 적응을 요구하는 커다란 스트레스원이다. 아마도 공적으로 받는 압력이라면, 해야 할 일을 빠르고 효과적으로 해야 한다는 수행에 대한 압력이 있을 것이다. 업무 실적·매출·새로운 성과에 대한 압력에 시달리는 5년차 과장, 히트곡을 내야 한다는 압박감에 시달리는 가수, 관객에게서 웃음을 유발해 내야 한다는 개그맨이 느끼는 압력은 모두 수행에 대한 사회적 압력이다.

이렇게 성공적으로 수행해야 한다는 압력만 있는 것이 아니다. 사회의 가치와 규율에 따르라는 순응에 대한 압력 또한 크나큰 스트레스다. 자유롭게 톡톡 튀는 복장을 하고 싶어도 학교에서는 학생다운 복장을 요구한다. 금융권 조직에 조우하는 직장인이, 무대에 오르는 가수 같은 헤어스타일과 메이크업을 하고 회사에 갈 수는 없다. 요즘 성별에 대한 사회적 기대가 변화하고는 있지만, 남성에게는 가정의 경제를 책임져야 한다는 가장으로서의 기대가, 여성에게는 가사 일을 책임져야 한다는 주부로서의 기대가 요구된다. 보이지 않는 기대가 우리를 짓누르면서 순응에 대한 압력을 준다. 다음은 'DJ DOC'의 노래 〈DOC와 춤을〉 가사 중 일부다.

젓가락질 잘해야만 밥을 먹나요. 잘 못해도 서툴러도 밥 잘 먹어요.
그러나 주위 사람 내가 밥 먹을 때 한마디씩 하죠.

"너 밥상에 불만 있냐?"

뒤통수가 예뻐야만 빡빡 미나요. 나는 뒤통수가 안 예뻐도 빡빡 밀어요. 그러나 주위 사람 내 머리를 보며 한마디씩 하죠.

"너 사회에 불만 있냐?"

사람들 눈 의식하지 말아요, 즐기면서 살아갈 수 있어요.

내 개성에 사는 세상이에요, 자신을 만들어 봐요.

사회적 압력이라고 하면 마치 스트레스의 원천이 바깥에 있는 것처럼 생각되지만, 사실 우리는 그 사회적 요구를 내면화시켜 자신의 심리적 욕구로 삼는다. 그러다 보니 사회적 압력에 의해 온다고 느끼는 압박감이 바깥세상에서 오는 것인지 자기 안에서 오는 것인지 딱 잘라 구분이 되지 않는다. 사회적 요구 속에서 살다 보니, 어느새 그것이 추구해야 할 가치가 되어 자신의 욕구로 자리하는 것이다. 그래서 때로는 바깥에서 요구하지 않아도 스스로를 채찍질하는 자신의 욕구가 되어 내적 압력으로 생긴 스트레스원이 되기도 한다.

남의 자식보다 좋은 대학 가고 좋은 직장 취업하여 잘 살기를 바라는 부모의 기대가 처음에는 부모의 기대였을지 모르지만, 어느 날 자신을 돌이켜 보면 부모의 요구보다는 자신의 욕구가 더 크다는 것을 깨닫게 된다. 경쟁에서 이기라는 사회의 압력이 그 사회 속에서 살아가는 우리에게 내면화되어 경쟁심이 자기 안에서도 활활 타오른다. 현대와 같은 무한경쟁 시대에는 노래도, 춤도, 경제력도, 미모도, 체격도 모두가 남보다 잘나야 한다. 노래방에 가면

같이 간 사람 모두가 뒤집어지게 노래를 잘해야 하고, 장기 자랑 때 춤을 못 추면 어딘가 부족한 사람인 것처럼 느껴지고, 명품 몇 개쯤은 있어야 하며, 키는 커야 하고, 몸은 근육질이어야 한다. 무한 경쟁 속에서 만사 최고의 인물이 되어야 하는 것이다.

사회적 외적 압력이 개인적 포부나 욕심으로 내면화되어 스스로 최선을 다하면 그 스트레스는 성장을 촉진하는 힘이 될 수도 있지만, 너무 강력하여 압박감이 지나치면 오히려 성공을 어렵게 하고 건강을 해치는 해로운 스트레스가 될 수도 있다.

다양한 갈등이 나를 힘들게 한다

외적 · 내적 압력은 그 자체로서 스트레스원일 뿐 아니라, 우리에게 갈등을 일으킴으로써 스트레스원이 되기도 한다. 최선의 선택을 하기 위해 이럴까 저럴까를 망설이는 것, 그래서 결정하고 선택하기 어려운 것이 우리의 일상이다. 중국집에 갈까 분식집에 갈까, 중국집에 가서도 자장면을 먹을까 짬뽕을 먹을까 갈등한다. 옷을 한 벌 사려고 해도 같은 디자인 중 흰색을 살까 회색을 살까 갈등한다. 옷을 사 와서도 다른 색깔로 살 걸 그랬나 곱씹어 생각하며 갈등을 연장시킨다.

바로 일상생활에서 경험하는 이러한 갈등 역시 스트레스원이다. 갈등은 외부의 압력 자체가 이미 갈등을 유발할 수밖에 없는 것이기 때문에 일어나기도 하고, 동시에 만족시킬 수는 없는 내적 욕구가 우리 안에 있기 때문에 생기기도 한다. 서로 자기가 옳다고 주장하는 시어머니와 아내 사이에서, 좋은 아들이면서 좋은 남편이 되기는 어렵다. 시어머니와 아내는 갈등관계에 있는 사람이므로 그들이 아들이나 남편에게 요구하는 것은 또 다른 갈등을 유발할 수밖에 없다는 것이다. 새로운 성과와 매출을 올리기 위해 회사에 많은 시간을 투자하라는 회사의 압력과 일찍 퇴근하여 가족과 많은 시간을 보내 달라는 가정의 압력 사이에서의 갈등은, 우리가 흔히 겪는 직장과 가정이라는 외적 압력 간의 충돌이다. 회사에 남보다 일찍 출근하고 늦게 퇴근하면서 인정받기를 원하는 동시에 일찍 퇴근하여 가정에서 아이와 잘 놀아 주고 가사 일도 나누어 맡는 좋은 아빠, 좋은 남편으로 인정받고 싶은 현대의 젊은 가장은, 양립하기 어려운 내적 욕구를 동시에 실현하려 하기 때문에 늘 갈등할 것이다. 유능한 직장인이면서 동시에 가정적인 남편으로 인정받고 싶다는 내적 욕구는 그에게 스트레스원이다.

뿐만 아니라 외적 압력과 내적 욕구가 갈등을 일으키는 경우도 있다. 부모님이 원하는 법학과에 진학하고 고시에 합격하여 자식에 대한 소망을 만족시켜 드리고 싶은 욕구와 동시에 자기가 하고 싶은 철학을 전공하고 싶은 욕구가 있을 때, 외적 압력과 내적 욕구 사이에서 갈등한다.

우리는 좋은 것은 하고 싶고 갖고 싶은 반면, 싫은 것은 안 하고 싶고 피하고 싶다. 레빈Lewin은 좋아서 하고 싶은 욕구, 접근하고 싶은 욕구를 일으키는 '긍정적 유인가(valence: 어떤 사물이나 현상이 지니고 있는 심리적 매력)'와 싫어서 피하고 싶은 욕구를 일으키는 '부정적 유인가'를 중심으로 갈등 양식(Lewin, 1935)을 분류하였다. 그의 이러한 갈등 양식에 대한 설명을 통해 스트레스 유발 원인을 알아보는 것도 도움이 될 것 같다. 그는 얻고 싶은 것은 '접근 가치', 피하고 싶은 것은 '회피 가치' 라 하고, 접근과 회피 욕구 간의 갈등을 설명하였다. 우리는 아름다운 여인과 경제력이 좋은 여인 중 어느 여인과 결혼을 할 것인가(접근-접근 갈등), 불행한 결혼 생활도 싫고 이혼하여 감수해야 하는 고통도 싫은데 그대로 결혼 생활을 유지할 것인가 이혼할 것인가(회피-회피 갈등), 맛있지만 비싼 음식점에 갈 것인가 말 것인가(접근-회피 갈등) 갈등한다. 여러 가지 대안 중 한 가지를 선택하려 할 때도 대개는 모든 대안이 좋고 나쁜 면을 포함하고 있다. 잘해 주지만 경제력이 약한 남자와 경제력은 있지만 냉정하게 느껴지는 남자 중 어느 남자와 결혼할 것인가, 연봉은 적지만 안정된 직장을 갈 것인가 정년이 짧다고 소문이 나 있지만 초봉이 높은 직장을 갈 것인가, 소위 스카이 대학의 흥미 없는 학과에 진학할 것인가 그보다 학교 지명도는 낮지만 원하는 전공을 선택하여 진학할 것인가(이중 접근-회피 갈등) 등의 갈등을 접근 가치와 회피 가치로 설명하였다.

한편 역할에 대한 기대로 사람 사이의 관계에서 갈등을 조명하기도 한다. 한쪽에서는 친구관계라고 생각하는데 상대는 이성관계로 생각한다면, 그 관계는 갈등이 일어나게 되고 관계에서의 스트레스원이 된다. 혹은 같은 역할에 대해서 서로 다른 기대를 하는 경우에도 관계에 갈등이 일어나고 그 관계에서 스트레스를 경험하게 된다. 남편은 아내가 가사와 육아를 직장 생활보다 우선시해야 한다고 생각하지만, 아내는 남편과 같이 직장 생활을 하고 있으므로 직장생활에서의 업무 완수가 우선이라고 생각한다면, 그 부부는 항상 갈등이 생기고 그 부부 갈등은 결혼 생활의 중요한 스트레스원이다. 그러나 남편이 전업 주부로서 가사를 전담하고 아내가 가정 경제를 책임지고 있는 가정에서 아내와 남편의 역할에 대한 기대가 부부 사이에 일치한다면, 사회 통념상의 아내와 남편 역할에 대한 기대는 문제가 되지 않는다. 또 우리는 사실상 여러 가지 역할을 동시에 하고 있는데 각각의 역할에 대해 기대되는 행동이 다를 때 갈등이 생기기도 한다. 중요한 자리에 있는 친구에게 자신의 이권이 개입된 부탁을 하면서 친구로서 그 정도도 못 도와주냐고 요구한다면, 직업적으로 공정한 업무 처리를 해야 하는 직업상 윤리와 친구와의 의리 사이에서 상당한 갈등을 느끼게 된다. 이렇게 갈등은 여러 가지 방식으로 우리의 스트레스원이 되고, 그 갈등 속에서 선택하고 결정하는 것은 특히나 스트레스다.

김 군은 A대학의 비인기학과와 B대학의 인기학과에 합격했다. A대학에 등록을 하고 다니면 등록금도 싼 데다 주위 사람의 부러움도 사고 인정을 받을 수 있겠지만, 취업이나 전공의 인지도를 생각하면 장학금 혜택도 받는 B대학을 선택해야 할지도 모른다. 그런 과정에서 결국 한 대학이 부모님에 의해 결정되었다. 김 군은 학교에 다니는 내내 연봉은 적지만 비교적 안정적인 공무원 시험 준비를 할 것인가, 대기업 취업 준비를 할 것인가 고민하였다. 그리고 취업 준비를 위해서 공부해야 할 과목과 성적을 올려야 할 전공 수업 과목 중 어디에 더 시간을 투자할 것인가를 고민하였다. 수업 시간에는 영어 성적을 올리기 위해 영어 공부를 더 해야 할 것 같은 생각이 떠나질 않고, 영어 공부를 하다 보면 학점을 올려야 할 것 같아 갈등에 갈등을 거듭하며 괴로워했다. 학교를 다니면서는 해외 연수를 갈 것인가, 그냥 졸업을 할 것인가를 고민하다 휴학을 했는데 역시 망설이고 고민하다가 휴학 기간 1년을 보내고는 복학하였다. 이런 갈등 속에서 고민하다가 졸업 전에는 어디에도 이력서를 못 내고 결국 졸업을 하고 나서야 부랴부랴 여기저기 이력서를 넣다가 유일하게 합격한 직장에 다니게 되었다. 직장에 다니면서는 더 나은 곳으로 가야하지 않을까, 이대로 그냥 다닐 것인가를 고민하며 갈등 속에서 살고 있다.

선택이나 결정을 피하려 하면 잠시 동안은 회피가 가능하다. 그런데 그렇게 결정을 미루다 보면 결국 자신의 선택과 관계없이 결정이 되고 결국 나중에 미련이 남는다. 그리고 나서는 자신이 결정한 것이 아니라고 타인을 탓하고 결정에 대한 책임 회피를 하며 살게 된다. 선택이나 결정을 미루는 것은 결국 시간을 끄는 것일 뿐 스트레스의 해결책이나 대처 방안은 아니다. 갈등 상황에서 선택이나 결정을 스스로 하지 않고 수동적으로 결정되고 나면, 이미 그것은 자신의 결정이 아니기 때문에 그 일에 대한 동기는 상대적으로 약해진다. 늘 '이게 아닌데.' 하면서 계속 갈등 상태를 유지하는 것이다.

좌절감이 나를 힘들게 한다

우리는 태어나는 그 순간부터 좌절이 무엇인지를 경험하기 시작해서 좌절과 더불어 산다. 삶은 사실 좌절의 연속이다. 배가 고파얼른 먹고 싶어도 식당에 줄이 길면 줄을 서야 하고 음식이 나올 때까지 기다려야 한다. 생리적 욕구의 좌절이다. 새로 나온 스마트폰으로 바꾸고 싶은데 가격이 비싸니 주머니 사정을 생각해서 계산기를 두드려 봐야 한다. 경제적 좌절이다. 갖고 싶고 사고 싶고 이루고 싶은 욕망도 항상 현실적인 사정을 봐야 하니 심리적 좌절을 겪는다. 압력이나 갈등을 일으키는 상황뿐 아니라 좌절의 경험도 개인적 스트레스원이다.

사회재적응 평정척도에서 스트레스 영향력 점수가 가장 높은 '배우자의 상실'은 어쩌면 우리에게 사랑과 안전의 욕구라는 일차적 욕구가 좌절되기 때문일지도 모른다. 물리적 환경이나 사회적 요구가 스트레스원이 되는 이유도, 심리적으로 압박감을 주고 갈등을 일으킴으로써 좌절을 맛보는 것과 깊은 연관이 있다. 회사 미팅 약속에 가는데 교통 체증이 스트레스인 이유는 시간에 맞추어 가야 한다는 사회적 압력, 제시간에 도착하고자 하는 개인적 목표를 달성할 수 없게 하는 교통 상황이 우리에게 좌절을 경험하게 하기 때문이다.

갈등 상황에서 한 가지 욕망을 채우고 나면 나머지 욕망은 좌절될 수밖에 없다. 흰색을 살까 회색을 살까 갈등하다 흰색을 사고 나면 회색을 갖고 싶은 욕망은 좌절되어 버린다. 갈등 끝에 연봉은

적으나 안정된 직장을 선택하고 나면 조금이라도 돈을 많이 벌고 싶은 욕망은 좌절되어 버린다. 이럴 때 연봉이 빵빵한 친구를 만나면 돈을 많이 받아 인정받고 싶은 사회적 욕망이 좌절되어 힘이 빠진다. 잘 나가는 가까운 라이벌을 만났는데 그와 연봉 차이가 나도 너무 많이 날 때, 그 좌절감이란 이루 말할 수가 없다. 좌절은 분노, 실망감, 우울, 공격성 등을 유발하게 하는 커다란 스트레스원이다.

우리가 살아가다 보면 사회재적응 평정척도에는 포함되지도 못할 자잘한 사건, 갈등과 좌절은 셀 수도 없이 많다. 커다란 생활의 변화뿐 아니라 비교적 가볍고 불쾌한 요구도 사실은 하나하나가 모두 스트레스 자극이다. 지하철 역에 도착하면 연락하기로 약속을 했는데 도착하고서야 휴대전화를 안 가지고 온 사실을 알게 되었을 때의 낭패감, 좌절이고 스트레스다. 우리에게 좌절을 불러일으키고 불쾌감을 느끼게 하는 스트레스 자극이 얼마나 많은가. '줄서기'만 해도 그렇다. 사회 질서를 위해 필연적으로 모든 이에게 요구하고 자기 차례가 올 때까지는 좌절을 견뎌야 하는 현실, 개개인이 스트레스원인 사회 질서를 수용하는 길밖에 없다. 스트레스원이 되는 생활 사건은 어쩌면 물리치고 퇴치해야 할 적이 아니라 더불어 살아가야 할 동반자인 것이다. 어차피 우리가 살아가는 동안 우리의 삶에 내재되어 있는 동반자라면 어떻게 자신을 잘 관리하여 이 자극을 견디며 살 것인가가 답이 될 것이다.

스트레스를 유발하는 상황에 대처하고 자신의 스트레스를 관리하는 데에는 개인차가 존재한다. 스트레스를 일으키는 원천은 위험요인이지만, 이러한 요인에 대하여 각 개인에게는 보호요인이 있어서 같은 스트레스에 대해서도 영향력을 달리할 수 있다. 스트레스에 대한 준비도, 스트레스 자극에 대한 친숙성, 대처 능력에 대한 자신감, 심리학적 용어로 말해 보면 자기효능감에 따라 같은 스트레스도 달리 받아들인다. 또 스트레스를 어떻게 인지하느냐 하는 인지 방략도 스트레스에 효율적으로 대처하는 데 기여한다. 오랫 동안 퇴직 준비를 하고 퇴직했을 경우와 갑작스럽게 실직을 당한 경우는 같은 실직이지만 충격이나 영향의 정도가 다를 것이다. 그런가 하면 위기를 새로운 사업을 시작할 기회로 생각하느냐, 인생이 끝장난 것으로 생각하느냐에 따라서도 스트레스의 정도는 다를 것이다. 혹은 자신이 처한 상황을 스스로 얼마나 극복 가능한 것으로 받아들이느냐, 새로운 시도를 할 수 있는 자신감이 있느냐 없느냐에 따라 또 다를 것이다.

이렇듯 우리가 경험하는 여러 가지 스트레스를 통해, 우리가 가진 내적 자원이 그 스트레스에서 우리를 보호할 수 있는 여지를 준다는 점을 시사하며, 우리가 튼튼해지면 스트레스에서 자신을 상당히 보호할 수 있다는 희망이 생길 수 있다.

다음 3장에서는 지금까지 살펴본 스트레스원에 따라 우리가 어떤 스트레스 반응을 보이는지를 살펴보도록 하겠다.

03
스트레스 반응 파악하기

"일이 너무 많아요. 특히 성수기에는 잠자는 시간도 부족해요. 만날 야근에 새벽같이 일어나 또 회사에 출근하고, 이런 날이 약 3개월은 지속되는 것 같아요. 성수기가 아닌 기간에도 여유가 없어요. 집은 잠만 자고 나오는 여관 같다니까요. 내 여가시간은커녕, 이 일을 다 처리 못하면 어쩌지를 걱정하며 일하고 있어요. 정신없이 돌아가는 와중에 '지금 내가 뭐하며 살고 있는 건가.'라는 생각도 들고, 이제는 집에 있는 식구보다 회사 동료가 식구라고 느껴질 정도예요."

직장 생활을 하는 많은 사람이 공감할 것이다. 이렇게 힘든 상황에 대하여 함께 일하는 동료와 사이가 좋지 않거나 매일 지적만 하는 상사 때문에 스트레스를 받았을 때는 어떤 반응이 나타나게 될까? 보통 우리가 "아, 스트레스 받는다."라고 할 때에 나타나는 반응을 살펴보기로 하자. 스트레스 반응은 크게 신체적 · 정서적 · 인지적 · 행동적 · 조직적 반응의 다섯 가지로 정리해 볼 수 있다. 간단한 체크리스트를 통해 내가 어떤 스트레스 반응을 보이고 있는지 점검해 보자.

내 '몸'의 이야기 들어보기

〈Checklist: 신체적 반응〉

1	때때로 머리가 아프거나 무겁고 가슴이 답답하다.	예	아니요
2	더운 방에 들어가거나 운동을 하지 않을 때도 얼굴에 열이나 땀이 난 적이 있다.	예	아니요
3	근육이 뻣뻣해지거나 이유 없이 쑤시고 아프다.	예	아니요
4	변비나 설사가 자주 반복된다.	예	아니요
5	최근 들어 갑자기 살이 찌거나 빠지고 있다.	예	아니요
6	몸이 나른해지고 쉽게 피곤해지며 피곤이 잘 가시지 않는다.	예	아니요
7	눈 주위가 떨리거나 이명증(귀울림)이 있다.	예	아니요
8	피부에 여드름, 뽀루지가 나거나 혹은 푸석해져 각질이 일어난다.	예	아니요
9	머리카락이 이전보다 확연히 많이 빠진다.	예	아니요
10	생리 일이 불규칙하고 생리통이 심하다.	예	아니요

* '예'가 많을수록, 스트레스 때문에 생긴 신체적 반응이 많이 나타나는 편이다.

스트레스를 받으면 가장 먼저 몸이 달라지는 것을 느낀다. 많은 일을 처리했다고 한숨 돌리고 있는데 고개를 들어 보니 처리한 양보다 더 많은 일이 기다리고 있는 상황을 상상해 보자. 이걸 또 언제 처리하나 싶어 가슴이 답답해지며 머리가 아파 온다.

스트레스에 대한 신체적 반응은 생리학적 조건과 관련되어 나타난다. 스트레스를 받으면 이러한 스트레스원에 대처하기 위해 우리 몸은 준비를 한다. 호르몬 분비, 심장박동 증가, 혈압 증가 등의 생리적 현상이 스트레스에 대비하기 위한 일종의 대처 증상인 것이다(강동묵, 2005). 스트레스에 대한 생리적 반응은 '나타나지 않았으면' 하고 바랄 만큼 불편함을 준다. 그러나 스트레스원이 생겼을 때 발생하는 생리적 반응은 사실 우리의 생존을 위해 매우 중요한 것이다. 스트레스를 감지하게 되면 우리의 몸은 시상하부라는 뇌의 특정한 부위에서 교감신경계를 작동시키고, 이를 통해 부신이라는 내분비선에서 에피네프린과 노어에피네프린, 코티솔이라는 스트레스 관련 호르몬을 분비시켜 스트레스 상황에 대응하기 위한 비상체제로 돌입한다(장현갑, 2010).

우리는 대개 스트레스 상황에서 문제를 해결하기 위해 평소보다 많은 양의 정보를 얻고자 노력한다. 그러기 위해 여러 감각기관이 활성화되고, 감각기관을 통해 모은 정보를 뇌에서는 빠르게 분석하여, 어떻게 행동을 취할 것인지 결정하고 명령을 내린다. 이렇게 움직이기 위해서는 일시적으로 많은 양의 에너지가 필요한데, 그에너지를 공급하기 위해 피가 빠르게 순환하기 때문에, 심장박동과 혈압이 증가하는 것이다. 그래서 일시적인 스트레스를 받을 때 가장 먼저 신체의 변화가 나타난다. 가슴이 두근거리다 못해 답답함을 느낄 정도로 심장박동수가 올라가고, 특별히 덥지도 않은데 몸과 얼굴에 열이 난다. 초조함과 걱정, 불안과 같은 정서적 느낌이 들면서 손발이 차가워지고 식은땀이 난다.

일시적인 스트레스가 해결되지 않고 지속되면, 스트레스와 관련된 여러 가지 호르몬이 지속적으로 나오면서 개개인마다 취약한 부분에 무리가 생긴다. 대장 기능이 취약한 이는 설사나 변비, 혹은 이 두 증상이 교차하는 과민성 대장 증상을 경험한다. 실제로 한국의 많은 직장인이 대장에 문제가 있어, 화장실을 규칙적으로 가지 못한다. '과민성 장 증후군'으로 불리는 이 증상은 눈에 보이는 염증 같은 원인은 찾을 수 없으나 장에 불편함을 주는 증상이 나타난다. 그리고 그 원인은 대장의 염증이 아니라 심리적인 스트레스 때문이다.

"스트레스받으니 먹을 게 땡겨." "스트레스받고 신경 썼더니 입맛이 없어." 스트레스 호르몬의 영향으로 식욕에 변화가 생겨 폭식 혹은 입맛이 없는 증상이 생기고, 음주와 흡연을 통해 스트레스 상황을 피하거나 잊고자 한다. 스트레스를 풀자고 퇴근 후 호프집이나 포장마차로 발걸음을 향하게 되지만, 이후 급격한 체중 증가나 위장의 부담으로 이차적인 손상을 보게 된다.

게다가 일시적인 스트레스가 해결되지 않고 오래 지속되면 면역체계 자체가 위협을 받는다. 코르티솔과 같은 스트레스 호르몬이 장기간 분비되면 면역력을 약화시키기 때문이다. 피곤할 때 감기에 걸리는 것은 누구나 알고 있는 사실이다. 스트레스가 우리의 면역체계를 약화시켜 훨씬 더 감기 바이러스에 취약해지기 때문이다. 스트레스에 대처하기 위해 온몸에 에너지를 공급하는 동안 심장과 뇌혈관에 강한 수축과 이완이 지속된다. 콜레스테롤 등이 쌓여 좁아진 혈관벽에 무리를 주고 동맥경화와 심근경색 등의 심혈관계 질환이 발생한다. 또한 스트레스 호르몬은 뇌세포의 죽음을 촉진하는데, 이것은 기억력의 저하를 가져오고 우울증을 심화시킨다.

내 ‘마음’ 의 이야기 들어보기

〈Checklist: 정서적 반응〉

1	최근 들어 쉽게 짜증이 난다.	예	아니요
2	별 것 아닌 일에도 쉽게 흥분하고 화가 난다.	예	아니요
3	작은 일에도 초조해지고 불안하다.	예	아니요
4	요즘 우울해서 기분이 가라앉는다.	예	아니요
5	뭔가 나에게 나쁜 일이 일어나지 않을까 두려움을 느끼는 경우가 있다.	예	아니요
6	외롭다고 느껴지고 슬프다.	예	아니요
7	요즘 들어 기분이 자주 변한다.	예	아니요
8	모든 일에 자신이 없고, 인생이 귀찮게 생각된다.	예	아니요
9	모든 일이 힘들게만 느껴지고 내가 해결해 나갈 수 없을 것 같다.	예	아니요
10	가끔 나 자신이 전혀 쓸모없다고 느낀다.	예	아니요

* ‘예’ 가 많을수록, 스트레스 때문에 생긴 정서적 반응이 많이 나타나는 편이다.

매일 야근을 해도 업무의 끝은 보이지 않는다. 시간은 부족하고 일의 양은 많아 업무 처리에 실수가 생기고 구멍이 나기 시작한다.

이때 기분은? 괜히 짜증이 나고, 도대체 줄지 않는 업무량에 화가 난다. "도대체 이 놈의 일은 해도 해도 끝이 없어!" "김 대리! 가뜩이나 일이 많은데 왜 일을 이렇게 처리해 놓은 거야! 도대체 아무런 도움이 안 된다니까…… 어휴."

자잘한 문제가 자꾸 생기면서 불안해지기도 한다. '왜 이렇게 실수가 잦지? 혹시 뭔가 잘못된 것은 아닐까? 그렇다면 큰일인데!' '이런 실수를 반복하다니…… 이러다 큰 실수를 하는 건 아닌가?' 불안한 나머지 아직 범하지도 않은 실수를 미리 걱정하기도 한다. 그런가 하면 최종 결과가 미리 걱정되기도 한다. '이렇게 실수하는 걸 보면 분명 실적도 신통치 않을 게 분명해. 프로젝트가 실패로 끝날 것 같아!' 불안과 걱정이 심해지면서 잠자리에 들어도 잠이 쉬이 들지 않는다. 밤새 뒤척이며 낮에 했던 걱정이 꼬리를 물고 이어진다. 자는 둥 마는 둥 뜬눈으로 밤을 지새우다 새벽녘에야 겨우 눈을 붙이게 되니 다음날 신경이 더욱 날카롭고 예민해진다.

이 같은 스트레스 상황에서 무조건 자신을 비난하고 학대하며 더 큰 스트레스로 키우기도 한다. '난 왜 이렇게 실수가 많은 거야? 아무래도 내 능력이 부족한가 봐.' '주어진 일도 제대로 못해 내고, 회사에 민폐나 끼치고 있어. 난 쓸모없는 인간이야.' '난 결국 실패할 거야. 아…… 정말 난 한심해.' 일을 성공적으로 끝내지 못할까 봐 걱정하면서 신경 쓰이는 것은 남의 평가다. 그러니 세상이 두렵고 무섭다. '이런 실수를 하는 날 어떻게 볼까? 아, 쪽팔려……' '동료와 부장님은 날 머저리로 보겠지? 회사 그만두고 싶어.' 스트레스의 결과로 나타나는 대표적인 정서적 반응으로는 우울, 분노, 불안이 있다.

하염없이 기분이 가라앉는다

우리가 스트레스를 받았을 때 호소하는 우울에 대해 한 가지 짚고 넘어갈 부분이 있다. 그것은 '우울증'과 '우울상태'의 구분이다. '우울증'은 뇌 속의 세로토닌이라는 신경전달물질이 제대로 활동하지 않는 상태를 의미하며, 뚜렷한 이유 없이 기분이 우울해지거나 혹은 체질에 기인하여 발병하는 경우가 대부분인 것으로 알려져 있다. 그러나 스트레스 때문에 느끼는 정서적 반응의 하나인 '우울상태'는 체질과 관련이 없으며, 이유가 분명히 존재한다. 이는 눈앞에 구체적으로 보이는 경우가 많으므로 그 원인을 제거하면 우울상태에서 빠져나올 수 있다(코스기 쇼타로, 카와카미 신지, 2007).

해도 해도 끝이 안 보이는 과도한 업무량이 우울상태의 원인이라면 과도한 업무량을 줄임으로써 우울에서 해방될 수 있다. 원인을 알고 해결책을 강구하여 업무량을 다시 배분한다든지 인력을 보충해주는 식으로 업무량을 줄여 준다면, 우울감에서 빠져 나올 수 있을 것이다. 그러니까 이럴 때 느껴지는 우울함이란 '우울 상태'다. 침울해지는 기분과 함께 별 것 아닌 일에도 조바심이 나고, 의욕이 생기지 않는 경우가 많다.

기혼 여성의 직장 내 스트레스 연구 결과, 직장 내 타인과의 관계에서 겪는 갈등과 업무 증가로 생긴 스트레스가 매우 높았다. 그

리고 스트레스 증상으로는 응답자의 47%가 임상적 수준의 우울상
태를 경험하며 직장생활을 지속하고 있었다. 또한 30% 가까이가
자살을 생각해 본 적이 있고 그 이유의 대부분은 스트레스 때문에
생긴 우울과 관계가 있었다(김재엽, 남석인, 최선아, 2009). 2009년
기준 인구 10만 명당 자살사망자 수로 환산한 자살률을 보면 한국
이 21.5명으로 OECD 국가 중 최고이며, OECD 전체 평균의 2배
수준에 이르고 있다(노순규, 2011). 우울은 자살과도 높은 연관이
있어 스트레스 반응 중 매우 위험하다. 스트레스 때문에 우울이 지
속될수록, 연령과 직급이 높을수록, 종국에는 자살이라는 극단적
인 선택의 행동이 나타나기도 한다.

별것 아닌 일에도 짜증이 난다

스트레스가 쌓이면 별 것 아닌 일에도 짜증이 나고 화가 난다.
우리나라는 화를 분출하기보다 다스리고 참으라고 하는 문화이며,
연령과 직급이 높아질수록 감정을 노출하지 않고 화를 속으로 삭
이도록 요구받는다. 그러니 스트레스를 받을 때 이를 해소하기가
쉽지 않다.

스트레스를 받으면 왜 화가 날까? 생리적 기제를 한번 살펴보자.
우리의 몸은 위협적인 상황이라고 판단을 내리면, 이에 맞서기 위
해 스트레스 호르몬인 에피네프린을 분비한다. 이 호르몬은 심장박
동, 혈압, 호흡률을 증가시킴으로써 각 근육에 포도당과 산소를 급
격히 증가시켜 신체에 에너지를 공급해 준다. 이는 스트레스에 대

처 행동을 할 수 있는 신체적 준비를 하는 것이다. 그러나 어떤 행동을 해도 그 상황을 벗어날 수 없다면 좌절하게 되는데, 호르몬은 계속해서 분비가 되어 심장박동과 혈압, 호흡률이 가라앉지 않고 분노는 증가하게 된다.

감정 노출을 자제하는 것이 미덕이었던 우리나라도 이제는 화를 참지 못하는 사회가 되어 가고 있다. 지하철 막말남, 막말녀라는 말은 이제 놀랍지도 않은 일상적인 얘기가 되어 버렸고, 심지어 노인을 폭행하는 동영상이 인터넷에 심심치 않게 보일 정도다. 지하철에서 한 할머니가 옆에 앉은 아이를 예쁘다고 만졌는데, 아이의 엄마가 내 새끼 만지는 게 싫다고 소리를 지르면서 들고 있던 페트병으로 할머니의 얼굴을 폭행한 일도 있었다. 물론 모르는 누군가가 자신의 아이를 만지는 게 썩 유쾌하지 않다 해도, 그 일이 연세 지긋하신 할머니를 폭행할 만큼 화가 나는 일이었을까? 이러한 일을 비롯해서, 우리나라는 최근 분노 공화국이라고 불릴 만큼 '홧김 범죄'가 늘어나고 있다. 경찰청 보고에 따르면, 2011년 약 200만 건의 범죄 중 우발적 범행이 36만여 건으로 가장 큰 비율을 차지했다(아츠뉴스, 2012. 3. 9.). 이러한 상황은 무엇을 의미하는 것일까?

우리나라의 전통적인 병 중에 화병이라는 병이 있다. 화병은 흔히 울화병이라고도 부르며 이에 대한 정의는 다음과 같다.

신체 증상을 동반하는 우울증으로서 우울감, 식욕 저하, 불면 등의 우울 증상 외에도, 호흡 곤란이나 심계항진, 몸 전체의 통증 또는 명치에 뭔가 걸려 있는 느낌 등의 증상이 나타난다. 환자가 자신의 우울과 분노를 억누르고, 그 억압된 분노가 신체 증상으로 나타나는 것으로 생각된다(네이버 건강 참조).

우리나라 사람은 스트레스를 받았을 때의 분노 감정을 겉으로 표현하기보다 속으로 삭히고 다스리는 것을 미덕이라고 생각했고, 이러한 사람을 성인군자로 바라보았다. 그러다 보니 참으려 애쓴 화가 병으로 진행되고 그 결과로 나타난 병이 화병이다. 화가 난다고 무조건 화를 내는 것이 능사는 아니다. 그러나 스트레스 때문에 일어난 화는 적절한 방식으로 분출되어야 분노가 쌓이지 않는다. 화가 나는 것, 그리고 화가 난다고 마구잡이로 표현하는 것에는 큰 차이가 있다. 누구나 화가 날 수 있지만 그렇다고 언제 어디서나 스트레스 해소를 위해 화를 낼 수는 없는 일이다. 분노가 쌓이지 않도록 작은 분노가 자신에게 일어났을 때 그것을 인지하여야 그 분노에 대처할 수 있다. 분노가 너무 커서 폭발할 것 같으면, 잠시 시간을 갖고 숨을 고른다든가 분노를 잠시 가라앉히고 대화로 자신의 분노를 표현함으로써 분노를 누그러뜨릴 수 있다. 더 바람직한 것은 분노가 일어나지 않아도 되는 상황을 왜곡하여 더 스스로 분노가 많이 일어나게 하는 자신의 세상을 해석하는 방식, 즉 인지 도식을 건강하게 하는 것이다.

불안하고 두려워서 어떤 일도 할 수가 없다

성격적으로 예민하고 꼼꼼한 사람은 특히 스트레스를 받으면 불안이나 공포라는 정서로 이어지는 경우가 많다. 스트레스는 주로 유쾌하지 않은 경험이기에 우리는 빨리 그것을 해결하여 상황을 벗어나고 싶어 하지만, 스트레스 상황이란 그리 쉽게 해결되는 상황만 있는 것은 아니다. 스트레스원이 우리에게 오면 우리는 본능적으로 이 자극에 맞서 싸울 것인가 도망칠 것인가fight of flight를 재빨리 결정하게 된다. 분노 반응이 스트레스 상황에서 우리가 맞서 싸우고자 했을 때 일어나는 반응이라면, 불안과 공포는 스트레스 상황에서 회피하고자 할 때 일어나는 반응이다. 즉, 스트레스 상황을 어서 벗어나고자 피하려 하는데, 회피하고자 하는 욕구가 좌절되면서 일어나는 반응이다. 눈에 보이는 구체적 대상이 없다는 것이 불안의 특징 중 하나라면, 공포는 대상이 있다. 불안은 구체적인 대상 없이 전반적으로 삶에 퍼져있는 반면, 공포는 특정한 상황이나 대상이 있고 그 상황에서 아주 강렬한 정서를 느낀다. 조직 내에서 업무 프레젠테이션을 할 때 혹은 상사 앞에서 보고를 할 때 목소리가 떨리고 얼굴이 붉어지며 숨이 가쁜 증상이 나타난다면, 그것이 대인공포이자 사회공포다. 대체로 연구자는 우리가 상황을 통제할 수 없다고 느낄 때 불안을 느낀다고 설명한다. 그중 스스로 불안을 통제하기 어렵다고 지각하는 것은 생활 스트레스와 불안 증상 간의 관계에서 중재 역할을 하는 것으로 밝혀졌다(최미경, 조용래, 2005). 그 상황을 내가 통제할 수 없다는 느낌, 상황에 대한 통제력의 상실은 굉장한 스트레스로 나타나며 불안의 감정을 높이는 작용을 한다.

불안은 또한 집중력과 기억력을 약화시킨다. 그래서 스트레스 때문에 불안이 높아지면, 마음과는 달리 일의 효율이 떨어지고 실수가 빈번해지는 결과를 가져온다. 예상하지 않았던 실수는 자신이 상황을 통제할 수 없다는 생각으로 이어져, 더욱 스트레스가 높아지고 불안해져서 실수를 반복하는 결과를 가져오는 악순환을 이끌어 낸다.

불안이나 공포 같은 정서적 스트레스 반응은 사람과의 관계도 불편하게 한다. "김 과장님, 요즘 너무 예민해지신 것 같아요. 무슨 일 있으세요?" "박 부장, 요즘 왜 그래? 사소한 일에도 짜증내고 분위기도 어두워지고, 까칠해져서 말 붙이기가 어려울 정도야." 주위에서 이런 지적을 받으면 의기소침해지고 자신감을 잃게 된다. 남이 부정적으로 볼까 봐 사람 만나는 것이 두려워져서 자꾸 피하게 된다. 그러면서 또 이래서는 안 되는데 왜 이럴까, 내가 뭔가 잘못되어 가고 있다는 이차적 불안이 엄습하는 악순환이 되풀이되어 간다.

많은 스트레스 상황이 '그 상황을 내가 해결해 내지 못할 것 같다.'는 생각에서 출발한다. 같은 상황이라도 내가 해결할 자신이 있다고 생각해 보자. 업무가 많지만 정해진 기한 내에 해결할 수 있다는 믿음이 있다면 그 상황이 스트레스로 느껴지겠는가? 오히려 자신의 능력을 확인할 수 있는 즐겁고 흥미진진한 상황으로 다가올 것이다.

내 '머리'의 이야기 들어보기

〈Checklist: 인지적 반응〉

1	내가 하는 일에 집중하기가 힘들고 끈기가 부족해졌다.	예	아니요
2	의사결정을 하거나 판단을 내리기가 힘들다.	예	아니요
3	기억력이 떨어진다고 느낀다.	예	아니요
4	일의 능률이 떨어진다.	예	아니요
5	일어나지 않은 일에 대한 걱정을 많이 한다.	예	아니요
6	무기력감을 자주 느낀다.	예	아니요
7	논리정연하게 이야기를 하거나 글을 쓰는 것이 어렵다.	예	아니요
8	최근 정보나 새로운 지식을 습득하는 것이 어렵다.	예	아니요
9	타인의 대화가 자신에 관한 험담인 것 같아 신경이 쓰인다.	예	아니요
10	사람들이 나에게 적대적이다.	예	아니요

* '예'가 많을수록, 스트레스 때문에 생긴 인지적 반응이 많이 나타나는 편이다.

스트레스를 받을 때 어떤 '감정'이 느껴지느냐는 질문에는 빨리 대답할 수 있지만, 스트레스를 받을 때 어떤 '생각'이 드느냐는 질문에는 잠시 대답을 망설이게 된다. "딱히 어떤 생각이 드는 건 아니고 그냥 짜증이 나는데……."라는 대답이 보편적이다. 그 이유는 무엇일까? 아마도 자동적 사고 때문일 것이다.

자동적 사고란 어떤 상황에 직면했을 때 처음으로 떠오르는 생각이다. 상황이나 자기 자신에 대한 주관적인 평가와 신념인데, 너무나 빠르게 떠오르기 때문에 인식하지도 못한 사이 '자동적'으로 나타났다가 사라진다. 생각이 너무나 빠르게 지나가기 때문에 이후에 느껴지는 감정만 인식하게 되는 것이다. '내가 일을 잘못했으니까 과장님은 나를 무능하다고 볼 거야. 난 이제 끝난 거야.' '유독 나만 이런 지적을 받는군. 내가 그렇지 뭐. 항상 실수 투성이야.' 이런 인식도 들지 않은 채, 자동적 사고 내용은 대부분 부정확하며 부정적인 내용으로 상황에 대해 잘못된 해석을 쉽게 내리게 한다(Antoni, Schneiderman, 2010). 어떤 상황에서 자기도 모르게 이런 생각이 스치고 지나가면 우리 정서는 금새 불안해지거나 울적해진다.

자동적 사고는 상황에 대해 자신에게 설명하거나 예측하게 하는 무의식적으로 떠오르는 생각으로서, 인지 내용을 대표한다. 그래서 어떤 상황에서 어떤 자동적 사고가 떠올랐는지를 살펴보면 자신에게 어떤 핵심 신념과 구조가 있는지의 인지 도식을 파악할 수 있다. 자신이나 세상에 대해 부정적으로 해석하는 인지 도식 때문에 앞에 닥친 상황을 왜곡하여 부정적으로 해석하게 된다. 그리고 상황에 대한 왜곡된 해석은 우울이나 불안 같은 고통스러운 감정을 느끼게 한다. 우리는 스트레스 상황 자체가 불편함과 고통을 불러

온다고 생각하지만, 사실상 상황 자체보다는 그 상황을 어떻게 생각하고 받아들이느냐가 그러한 정서를 일으키는 더 중요한 요소다.

인지행동치료에서는 ABC모델을 통해 스트레스에 대한 인지적 반응을 설명하고 있다. A(Action)는 사실, 사건, 개인의 행동이다. C(Conseqaence)는 그 상황에서 나타난 그 사람의 정서적·행동적 결과다. 그리고 B(Belief)는 A와 C를 매개하는 것으로 A의 상황에 대한 개인적 신념이다(박경순, 2011). 이때 개인적 신념은 스스로도 인식하지 못하는 자동적 사고인 경우가 많다.

예를 들어 보자. 앞에서 언급한 업무가 너무 많아 끝이 보이지 않는 상황이 있다(사실, 사건에 해당하는 A다). 이러한 상황에 대해 어떤 사람은 '차근차근 하다 보면 끝이 나겠지. 끝이 없는 일이 어딨어.' 라고 생각한다(상황에 대한 자동적 사고인 B가 긍정적인 경우다). 이렇게 생각하는 사람은 부정적인 감정이 느껴지지 않을 것이다. 할 수 있다는 신념으로 업무 계획을 세워 행동을 시작한다(결과로서 나타난 정서적·행동적 결과인 C다).

반면 '이 많은 일이 도대체 끝이 나기나 할까? 난 못할 것 같아. 도저히 내 능력으로는 안 돼.' 라고 생각하면 두려움과 불안, 걱정, 자기비난의 감정을 느끼게 된다. 그러면 이러한 감정에 압도되어 오히려 업무를 시작도 못한다거나, 이 상황에서 벗어나기 위해 술이나 폭식 등 자신에게 해로운 돌파구를 찾는다. 그러면 과도한 업무가 그대로 있으니 스트레스이고, 회피 행동을 하니 상황이 나아질 까닭이 없으며 스트레스는 가중될 뿐이다.

스트레스를 받으면 오히려 효율성은 떨어진다. 특히 심한 스트레스를 받거나 오랜 기간 지속적인 스트레스를 받는다면, 상황에 대한 정확한 사고와 판단이 어려워진다. 그러면 상황을 왜곡시켜 받아들이거나 잘못된 해석을 내려 더욱 무거운 스트레스를 받게 된다.

최 과장은 업무의 효율성을 위해 후배 김 대리에게 업무처리 방식이나 고객을 대하는 방식, 꼭 챙겨야 하는 서류 등에 대해 피드백을 주었다. 그는 개인적인 감정을 섞지 않고 단순히 업무의 효율성을 위해 상사로서 피드백을 주었지만, 김 대리는 이것을 자신에 대한 개인적인 판단과 평가로 받아들였다. 과장이 내린 업무 지시를 김 대리는 질책과 지적으로 받아들이면서 인지 왜곡을 하기 때문에 스트레스를 받기 시작한다. '난 왜 이렇게 꼼꼼하지 못해서 항상 과장님에게 질책을 당하지?' '난 이 일을 하기에 능력이 너무 부족한가 봐.' '다른 동료는 날 뭐라고 생각할까?' '내가 봐도 이렇게 한심할 수가……' 의 식으로 받아들이는 것이다.

김 대리는 이런 식으로 계속해서 최 과장의 지시를 질책과 비난으로 받아들였고 조금만 유사한 상황에도 비슷한 방식으로 해석하게 되었다. 이를테면 자신의 작은 실수를 옆의 동료가 발견하여 알려 주는 상황에도 이젠 동료가 자기를 우습게 보게 되었다고 단정한 것이다. 날이 갈수록 더욱 의기소침해졌고, 모든 일에 자신감을 잃어 가면서 회사를 그만둘까라는 생각도 하게 되었다. 단순히 과장님의 업무 조언에서 시작된 상황이 점점 감당하기 어려운 거대한 산으로 느껴졌기 때문이다.

상황에 대한 이런 부정적 생각은 사실과는 달리 자신만의 왜곡된 해석일 가능성이 높다. 스트레스가 유발하는 부정적 사고이자 인지적 왜곡이 작용하고 있는 것이다. 따라서 우리는 스트레스를 받을 때 주로 어떠한 감정이 느껴지는지 떠올려 보고 그 감정을 일으킨 생각이 무엇인지 더듬어 보면서 자신의 인지 방식을 돌이켜 볼 필요가 있다.

내 '손발'의 이야기 들어보기

〈Checklist: 행동적 반응〉

1	요즘에 잠을 쉽게 이루지 못하고 쉽게 깬다.	예	아니요
2	예전에 비해 폭식, 금식, 편식과 같이 식습관에 변화가 있다.	예	아니요
3	성욕이 저하되고 느낌이 없다.	예	아니요
4	최근 들어 충동적인 행동을 자주 한다.	예	아니요
5	조금만 어려운 상황에 부딪혀도 피하려고 한다.	예	아니요
6	요즘 들어 시간관리가 잘 안 된다.	예	아니요
7	요즘 들어 커피, 술, 담배의 양이 늘어나고 있다.	예	아니요
8	말수가 적어지고 생각에 잠겨 혼자 지내는 시간이 많거나 혹은 별일도 아닌 것을 요란하게 떠들어 대거나 용무도 없이 돌아다닌다.	예	아니요
9	일의 실수가 늘어난다.	예	아니요
10	사소한 일에도 쉽게 짜증을 내, 주위 사람과 다투는 등 대인관계가 원만치 못하다.	예	아니요

* '예'가 많을수록, 스트레스 때문에 생긴 행동적 반응이 많이 나타나는 편이다.

스트레스에 대한 행동적 반응은 스트레스에 대한 충격이나 위험에서 자신을 보호하기 위한 것이다. 그러니 스트레스를 받았을 때 나타내는 행동은 본래 긍정적인 목적이 있는 셈이다. 다만 행동이 부적절한 방법으로 나타나는 것이 문제다. 스트레스 자체가 문제인 것은 아니다. 오히려 스트레스는 우리를 긴장시키고 각성시켜 새로운 행동의 동기로 작용할 수 있다. 이때의 긴장은 그 행동과 과정에 더 집중하도록 하여 일의 효율성을 높여 주므로 성취감과 보람을 느끼는 원동력이 되기도 한다. 그런데 스트레스에 따른 행동이 바람직하지 않을 때, 즉 스트레스 반응으로 나타난 행동이 본인의 스트레스를 감소시키기는커녕 타인과의 관계를 해치고 더 큰 스트레스를 불러올 때 문제가 된다.

스트레스를 회피하기 위한 공격적이고 적극적이며 일반적인 모습이 음주, 흡연, 폭식 등이다. 스트레스를 받게 되면 스트레스 호르몬인 코르티솔의 분비가 촉진된다고 앞서 말한 바 있다. 이 코르티솔은 식욕을 증가시키는 효과를 가져오며, 여기에 더하여 내장지방을 축적시키는 기능도 있어 결과적으로 비만을 가져오는 주범이 된다. 미국의 임상학 연구에 보고된 결과를 보면, 자신의 직업에 싫증을 내는 여성이 주로 먹는 것으로 스트레스를 푼다고 한다. 스트레스를 폭식으로 푸는 식의 행동을 이른바 '감정적 식사 습관'이라고 한다. 배고파서 먹는 것이 아니라 스트레스 때문에 분노, 우울 등의 감정에 빠져 먹는 것을 의미한다. 심한 경우 항상 허기를 느끼거나 눈앞에 있는 음식을 다 먹을 때까지 먹는 것을 멈출 수 없는 상황으로까지 이어진다. 또한 핀란드에서 30~55세 직장

여성 230명을 대상으로 직장 일에 대한 스트레스와 식습관에 대해 조사한 결과를 보면, 약 22% 정도가 업무 스트레스로 직장에 싫증을 내고 있으며, 감정적 식사 습관이 있는 것으로 나타났다(한국일보, 2012. 3. 14.).

스트레스를 받으면 음주로 푸는 직장인도 많다. 보통 스트레스를 잊기 위해, 즉 일종의 회피 반응으로 술을 찾는 사람이 대부분이다. 음주가 스트레스를 회피하는 방법이라는 주장과 스트레스 상황에서 느끼는 불안과 두려움에 따른 긴장을 완화하기 위한 행동이라는 주장이 있는데, 최근 연구에서는 스트레스 해소가 음주의 동기가 되는 것으로 나타난다(서경현, 양승애, 2011).

실제로 우리나라 직장인 대부분이 음주와 과식으로 스트레스를 푼다. 남자의 경우 스트레스를 해소하는 방법으로 술과 담배 등 기호식품을 이용하는 경우가 62%로 가장 높았으며, 여성의 경우도 63.5%가 폭음과 폭식으로 스트레스를 푸는 것으로 나타났다. "입사 전보다 무려 10kg이나 쪘어요. 다이어트 해야 하는데 큰일이에요."라는 말을 많이 한다. 한 취업포털사이트에서 입사 3년 미만의 직장인을 대상으로 설문조사한 결과 81.7%가 '입사 전보다 체중이 늘었다.'고 답했다. 그리고 체중이 늘어난 이유로 23.8%가 '스트레스성 폭식'을, 16%가 '잦은 회식과 과음'을 원인으로 답했다(중앙일보 경제, 2011. 12. 24.).

스트레스가 해결되지 않은 채 오랜 시간 이어진다면, 그때에는 '학습된 무력감learned helplessness'으로 진행된다. 다시 말해, 내가 어떠한 시도와 노력을 해도 아무것도 해결되지 않는다는 것을 반복적으로 경험하면서 무력감이 학습되는 것이다. 그렇게 되면 상황에 대해 수동적이 되기 때문에 문제해결을 위한 행동, 기대를 포기해 버린다(전미애, 임세영, 2010). 즉, 스트레스를 해결할 의지와 동기를 잃어버려 해결할 수 있는 것조차 시도를 못하게 된다. 그리고 문제해결을 위한 동기를 잃음으로써 행동 자체가 줄어든다. 그래서 멍하게 있거나 모든 일에 대한 흥미를 잃게 된다. 이때에는 보통 우울한 감정, 자신에 대한 무가치감 등의 부정적인 감정이 동반된다. 이러한 감정을 느낄 때의 행동 특징은 에너지 수준이 낮아지는 점인데, 활력이 떨어지고 움직임이 느려지며 집중력이 떨어진다. 또한 특별한 일이 없는데도 늘 피로감을 느낀다.

'회사에서의 나'의 이야기 들어보기

〈Checklist: 조직적 반응〉

1	최근 지각이나 결근의 횟수가 늘었다.	예	아니요
2	회의에 참석하거나 사람과 만나서 얘기하는 것이 귀찮다.	예	아니요
3	아침에 일어나서 출근할 생각만 하면 피곤함을 느낀다.	예	아니요
4	내가 맡은 일에 대한 관심이 이전보다 줄어들었다.	예	아니요
5	내 일에 흥미가 없고 지겹게 느껴진다.	예	아니요
6	나는 종종 일을 그만둘까 생각한다.	예	아니요
7	내가 현재 소속된 직장에 효과적인 기여를 하지 못한다고 생각한다.	예	아니요
8	나는 내가 수행하고 있는 일에 대해 전반적으로 만족하지 못한다.	예	아니요
9	업무 이외의 활동에 더욱 몰두한다.	예	아니요
10	내 업무 처리에 대해 주위 사람들의 불만이 늘었다.	예	아니요

* '예'가 많을수록, 스트레스 때문에 생긴 조직적 반응이 많이 나타나는 편이다.

스트레스가 조직에 영향을 주는 반응은 최근 직무 스트레스에 대한 관심과 함께 새롭게 관심받기 시작하였다. 조직의 효율성을 높이기 위한 최근의 연구는 크게 두 가지 방향으로 관심을 기울이고 있는데, 하나는 작업 만족처럼 조직의 효율성과 목표 달성을 증가시키는 변인이 무엇인가에 대한 연구이며, 다른 하나는 직무 스트레스, 소외와 같이 조직의 성과를 저하시키는 요인에 대한 연구다. 특히 조직의 성과를 낮추는 스트레스 요인은 무엇인지를 조직 내에서 찾아보려는 움직임이 나타나고 있다(이종목, 2008).

직무 스트레스는 개인에게는 물론이고, 조직에도 영향을 미친다. 슐러Schuler는 스트레스 반응을 심리적 · 생리적 · 행동적 증상이라는 측면에서 살펴보고 행동으로 나타나는 증상이 조직에는 어떤 영향을 주는지를 제시하였다. 업무실적 저하, 직무 관여도 감소, 책임감 상실, 조직에 대한 무관심, 동료에 대한 무관심, 창의력 상실, 결근, 재해 사고 등이 흔히 관찰된다(양태석, 박인수, 이용천, 2008). 스트레스의 가장 즉각적인 반응으로는 잦은 지각과 결근, 직무성과 저하를 꼽을 수 있다.

게다가 학교에서만 나타난다고 생각했던 왕따 문제는 직장 내 인간관계에까지 나타나는 것으로 밝혀졌다. 취업포탈사이트 '사람인'의 조사 결과를 보면, 직장인의 45%가 직장 내에 왕따를 당하는 직원이 있다고 응답하였다. 이러한 집단 따돌림의 피해를 당하는 사원은 작업 동기와 직무 만족이 저하되며, 심한 경우 우울증, 불안장애와 같은 정신과적 질환을 겪기도 한다(한겨레 오피니언, 2012. 2. 2.).

다음에는 스트레스 때문에 나타나는 대표적인 조직적 반응인 사내 우울증과 결근 및 이직, 직무 만족도에 대해 살펴보도록 하겠다.

회사에만 오면 기운이 없고 일에도 집중이 안 된다

회사 안에서는 기운이 없고 업무에도 집중하지 못한다. "강 대리, 자네 요즘 무슨 일 있나? 유쾌하던 사람이 왜 이리 기운이 없어? 어디 아픈 거 아냐?" 흔히 개인적인 문제가 있어서라 생각하지만 딱히 그런 건 아니다. 6시! 퇴근 시간이 되자 강 대리는 슬슬 자신의 본모습을 찾아가기 시작한다. "퇴근 안하세요? 우리 나가면서 간단한 치맥 어때요? 자자, 갑시다!" 간단한 치맥의 자리가 2차는 이자까야(IZAKAYA)로, 3차는 노래방으로까지 이어진다. 술자리의 분위기를 띄우고, 노래방에서 잡은 마이크를 놓을 줄 모른다. 그러나 다음날 아침 회사에 출근한 강 대리, 다시 기분이 좋지 않은 듯 기운이 없고 말수도 적어 거의 이야기를 하지 않는다. 하지만 회사 밖에서는 다시 유쾌해지는 모습 때문에, 회사 내 사람들은 그런 강 대리를 게으르고 자기중심적이라고 평가하기도 한다. 이와 같이 상사에게 질책이나 지시를 받은 뒤, 우울한 기분과 함께 2주 이상 불면증, 의욕 저하, 식욕의 변화가 계속된다면 사내 우울증을 의심해 봐야 한다.

잡코리아는 2011년 직장인의 62.9%가 사내 우울증에 시달리고 있다는 조사 결과를 발표하였다. 2007년 44.6%였던 것에 비해 가파른 증가세를 보이고 있다. 2010년 국민건강보험공단의 '국내 남녀 직장 가입자 정신질환 현황' 조사에 따르면, 정신질환을 겪은 남성 직장인은 2000년 163,213명에서 2007년 211,290명으로 1.4배 가까이 증가했으며, 여성 직장인의 경우 2000년 48,634명에서

2007년 141,338명으로 3배 가까이 급증했다(세계파이낸스, 2011. 6. 27.). 이 결과는 스트레스의 영향으로 정신적·심리적 어려움을 겪는 사람이 점차 증가하고 있다는 사실을 말해 주고 있다.

사내 우울증의 경우, 병원에서 진단 내려지는 우울증과는 조금 다르다. 임상적으로 우울증이라 진단할 때 보이는 자신감 상실, 비탄, 절망 같은 자기부정의 감정은 거의 나타나지 않는다. 주의력과 집중력이 저하되고 결단력이 약화되며 일을 하는 동안에는 가벼운 정도의 우울한 마음이 지속될 뿐이다(코스기 쇼타로, 카와카미 신지, 2007). 질환으로 분류하지 않기에 통계적으로 잡힌 수치 외에도 훨씬 많은 사람이 이러한 우울 증상을 경험하고 있을 것이라고 추측할 수 있다. 특히 요즘 젊은층의 신세대 직장인은 자라면서 적절한 좌절을 경험하지 못한 탓에 작은 실패와 질책에도 쉽게 좌절한다. 좌절이 이어지면 업무에 대한 흥미를 잃고 퇴근 시간만 기다리는 사내 우울증에 쉽게 빠질 수 있다.

회사에 가기 싫고, 다른 곳으로 옮기고 싶기도 하다

스트레스 증상 중 조직에서 가장 흔히 보이는 모습이면서 명백한 손실을 주는 것이 결근과 이직이다. 심리학적으로 볼 때 과도한 스트레스는 회피 반응을 불러온다. 업무가 쏟아져서 해도 해도 끝이 보이지 않고 크고 작은 실수로 상사의 질책이 따가울 때 우리는 '도망가고 싶다.'는 생각을 하게 된다.

스트레스 상황을 회피하는 가장 일반적인 방법이 결근이고, 결근이 이어지면서 결국 이직으로 연결된다. 결근과 이직은 조직에 실질적인 손해를 끼친다는 점에서 기업에 직접적인 영향을 준다. 영국의 경우 스트레스 때문에 결근이 급증해 정부가 골머리를 앓고 있다. 직장인 두 명 중 한 명꼴로 근무 중 스트레스와 불안을 호소하고, 스트레스의 영향으로 결근일 수가 연간 1280만 일에 달한다. 비용으로 따지면 1인당 588파운드, 우리 돈 약 110만 원의 손실이 생겨 기업에 막대한 손해를 미치고 있다(헤럴드경제, 2005. 5. 18.).

스트레스 관리 프로그램을 시행했던 한 기업의 경우, 이러한 프로그램이 도입되기 전에는 과도한 업무 등의 스트레스로 이직률과 퇴사율이 매우 높았다. 특히 업무가 과도하게 많은 분야의 경우 입사 3년 내 이직률과 퇴사율을 합쳐 30%가 넘었다. 약 세 명 중 한 명 이상이 직장을 그만둔다는 이야기다. 그러다 보니 공백이 생긴 자리를 급하게 채우기 위해 다른 부서에서 인원이 투입되어 일을 처리해야 하고, 익숙하지 않은 타부서의 일까지 처리하려니 시간과 노력이 배로 들어갔다. "사람이 없다고 여기저기 불려 다니느라 실제로 내 업무를 못하는 웃기는 상황이 벌어져요. 그러다 보니 '내가 지금 뭘 하고 있는 건가.' 라는 회의도 들고, 내 경험을 쌓는 데도 손해라는 생각이 듭니다. 그래서 더 안정적으로 내가 잘하는 일을 찾기 위해서 다른 회사를 알아볼까 생각 중이에요." 이러한 구성원이 많아지면 업무실적은 향상되지 않고, 그 기업은 점점 침체되며, 조직은 흔들린다.

일을 하면서 불만스러운 것이 너무 많다

직무 만족은 직무에서 또는 직무를 수행하는 상황에서 얻게 되는 욕구 만족 수준이다. 일을 하면서 즐거움과 보람을 느낀다면 직무 만족도가 높은 것이다. 직무 만족도에 따라 하고자 하는 직무 동기가 결정되며, 그 직무 동기는 결과적으로 직무 수행의 효율성과 인과적 관련성이 있다는 점에서 직무 만족은 매우 중요한 개념이다.

최근 연구를 보면, 직무 만족에 가장 큰 영향을 미치는 것이 직무 스트레스와 근무환경 특성인 것으로 밝혀졌다. 감정노동이 높은 휴먼서비스 업종 종사자는 스트레스가 많은 편이다. 이들은 대부분 낮은 직무만족도를 보였는데, 이것은 서비스의 질로 연결된다. 이에 더하여 직무 불만족은 회사를 옮기고자 하는 이직 의지로 이어질 가능성이 높다. 이렇듯 직무 만족도는 개인적으로도 중요하지만 조직에서도 매우 중요한 이슈로 부각되고 있다(이혜자, 권순호, 2011).

직무 스트레스는 업무에 대한 자신감과 효율을 떨어뜨린다. 이럴 경우, 위축되고 감각 기능이 무뎌져 업무의 실수는 점차 늘어난다. 그래서 일의 능률이 떨어지면 자신감은 더욱 저하되는 악순환이 되풀이되며, 때로는 이 상황에서 탈피하고자 오히려 업무 외의 일에 몰두하기도 하는데 이러한 행동은 더욱 업무의 성과와 능률이 떨어뜨리는 결과를 초래할 뿐이다.

OECD 국가별 직무 스트레스와 직무 만족도에 대한 2010년 삼성경제연구소 조사를 보면, 한국은 직장인 87%가 직무 스트레스를 경험한다고 답해 OECD 국가 중 최고 수준이었다. 반면 직무 만족도의 경우 일본과 함께 69%로 가장 낮았다. OECD 국가의 직무 만족도 평균은 81%로 한국 직장인의 직무 만족도는 평균에 비교해 매우 낮은 수준임을 보였다(노순규, 2010).

낮은 직무 만족도는 이직을 고려하는 상황으로 연결되며 실제로 많은 수가 이직을 선택한다. 최근 기업의 고민은 직원의 이직 문제다. 오래 근무하지 않고 그만두기 때문에 일을 좀 한다 싶어 본격적으로 가르쳐 볼 만하면 회사를 나간다고 관리자는 하소연한다. 이는 회사의 성과와 미래에 직접적인 영향을 미치기 때문에 요즘 기업에서는 어떻게 하면 효과적으로 직원을 육성할 수 있을지에 대한 고민을 많이 한다. 그래서 기업에서는 최근 부하 직원의 업무에 대한 효과적인 피드백 방식 등의 교육을 통해 직무 만족도를 높이기 위한 방안을 시행 및 확대하고 있다.

다음 2부에서는 이 책의 가장 핵심적인 내용인 '스트레스 대처'에 대해 살펴보도록 하겠다.

제 2 부

스트레스에 대한
대처법 익히기

04
지금부터
시작하기

스트레스 관리: 자원이 핵심이다

모든 스트레스원을 아예 없애 버린다는 것은 거의 불가능에 가까울 만큼 어려운 일이다. 게다가 같은 스트레스원에 대해서도 사람마다 다르게 받아들인다. 사람마다 일을 처리하는 능력, 환경에 대한 적응력, 변화 가능성이 서로 다르고 개인의 인지 도식에 따라 스트레스를 받아들이는 방식 자체가 다를 수 있기 때문이다. 따라서 동일한 스트레스원이라도 각기 다른 반응을 나타내고, 대처하기에 따라 부정적인 반응으로 나타나기도 하고 긍정적인 반응으로 나타나기도 한다(강동묵, 2005; LaRoche, 2004). 물론 너무 많은 스트레스 요인이 있을 경우 불쾌 스트레스 반응이 더 잘 유발되고, 감당 가능한 정도의 스트레스 요인일 때 유쾌 스트레스로 전환될 가능성이 크기는 하겠지만 말이다.

그렇다면 일반적으로 사람들이 스트레스가 긍정적인 역할을 하도록 관리하기 위해서는 어떻게 해야 할까. 다행스럽게도 스트레스 자극은 사람이 그것을 어떻게 해석하고 어떻게 반응할지를 선택하는 데 따라 달리 경험할 수 있다. 유쾌 스트레스를 경험하기 위한 방법은 다음과 같다.

첫째, 자신에게 스트레스를 야기하는 스트레스 원인을 파악하여야 한다.

둘째, 스트레스가 증가되었을 때의 증상을 민감하게 알아차려야 한다.

셋째, 스트레스에 압도당해 끌려다니기보다는 스트레스 수준을 낮추고, 자신에게 있는 자원을 찾아 어떻게 스트레스에 대처해야 할 것인가를 모색해야 한다.

그렇다면 스트레스는 없애려 하기보다는 어차피 더불어 살아야 하는 것, 대처하고 관리하는 것이 중요하다는 답이 나온다. 스트레스에 어떻게 대처할 것인가. 스트레스에 대처하기 위해서는 내게 있는 적절한 자원을 활용해야 한다. 다음에 제시되는 몇 가지 스트레스 모델은 우리에게 있는 자원이 어떻게 스트레스를 줄일 수 있게 하는지 이해할 수 있게 해 준다. 따라서 우리는 이 모델에 대한 검토를 통해 스트레스에 대처할 수 있는 방법에 대한 중요한 아이디어를 얻을 수 있을 것이다.

스트레스를 설명하는 여러 가지 이론적 모형 중 특히 직장인의 스트레스를 잘 설명해 주는 이론은 카라섹Karasek의 '요구-통제 모형 demand-control model(Karasek, 1979)'과 '시그리스트Siegrist의 '노력-보상 불균형 모형Effort-reward imbalance model(Siegrist, 1996)'이다.

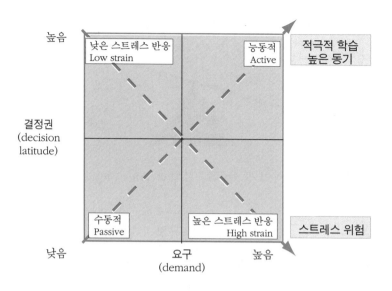

높음

낮은 스트레스 반응
Low strain

능동적
Active

적극적 학습
높은 동기

결정권
(decision
latitude)

수동적
Passive

높은 스트레스 반응
High strain

스트레스 위험

낮음

요구
(demand)

높음

카라섹의 요구-통제 모형(demand-control model)

　카라섹은 직장에서의 요구demand와 업무 수행에서의 결정권
decision authority 혹은 재량권skill discretion의 관계로 직무 스트레스
를 설명하였다. 업무상 요구 수준은 높지만 그 요구를 수행하기
위한 재량권이 없을 때, 높은 직무 스트레스가 발생한다고 보았
다. 다시 말해, 직업적·심리적인 요구보다 자신이 통제할 수 있는
것이 적을 때 스트레스가 발생한다고 보았다. 인사부에서 일하는
K씨는 인재를 선발하고 교육시키는 업무를 담당하고 있다. 그런데
사장은 늘 회사에서 인재 양성이 잘 안 되고 있다고 비판하면서도
인사 선발 권한이나 직원 교육 내용을 구성하는 권한을 K씨에게 주
지 않는다. 이럴 때 K씨는 좋은 성과를 내어야 하지만, 자신이 할
수 있는 것은 아무것도 없기 때문에 높은 스트레스를 받는다.

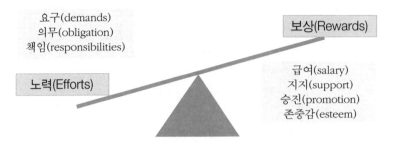

요구(demands)
의무(obligation)
책임(responsibilities)

보상(Rewards)

노력(Efforts)

급여(salary)
지지(support)
승진(promotion)
존중감(esteem)

시그리스트의 노력-보상 불균형 모형(Effort-reward imbalance model)

반면 시그리스트의 노력-보상 불균형 모형은 노력한 만큼 보상이 주어지지 않기 때문에 스트레스가 발생한다고 보는 이론이다. 이 모형은 특히 직업적인 환경뿐만 아니라 개인 특성인 관여commitment와 동기motivation를 포함시켜 스트레스를 설명했다. 예를 들어, 가족과의 시간도 모두 희생하고 주말도 없이 회사에서 열심히 일하고 있는데, 보너스도 승진의 기회도 없고 오히려 구조조정 대상이 된다면 극심한 스트레스를 겪을 수 있다.

재미있는 것은 스트레스 모델이 점차 발전하면서 인간을 둘러싼 환경적인 자원을 고려하고 있다는 점이다. 카라섹과 디오렐Theorell은 요구-통제-지지 모형demand-control-support model을 발전시키면서 요구가 많을지라도 업무에 대한 통제감이나 사회적 지지가 있으면 스트레스가 완충될 수 있다고 보았다(Karasek & Theorell, 1990). 즉, 카라섹의 요구-통제-지지 모형에서 직업 요구에 대처하는 자원은 업무에 대한 통제권과 사회적 지지라고 할 수 있다. 이 두 가지는 스트레스를 완충할 줄 수 있는 영향력 있는 자원이 될 수 있다.

또한 생리적 실험연구에서 발전된 스트레스 버킷bucket 모델은 특히 자원의 중요성을 보여 준다(http://www.dpi.nsw.gov.au 참조). 일반적으로 스트레스를 받은 동물은 근육 글리코겐이 고갈되는데, 근육 글리코겐이 심각한 수준으로 고갈되면 만성적 스트레스를 경험하거나 스트레스가 심각하다는 것을 나타낸다. 이것을 버킷 모델로 설명하면, 스트레스가 나타나면서 글리코겐 저장소인 버킷이 새게 된다. 만일 동물에게 적절한 영양이 있다면 스트레스의 위험 수준에 도달하기 전에 이용할 글리코겐이 충분하여 건강을 회복할 수 있지만, 만일 영양이 불충분하다면 건강을 회복시키기 위해 필요한 글리코겐이 적어 높은 스트레스 수준에 도달하게 된다. 이것을 뉴질랜드의 인간공학자인 그랜드진Grandjean이 사람의 스트레스에 적용하여 이론적 모형을 만들었다. 그 이론의 요점은, 만일 사람에게 충분한 자원이 있다면, 심각한 스트레스에 도달하기 전에 스트레스를 줄이기 위해 자신의 자원을 이용하는 것이 가능하다고 보았다(Grandjean, 2004). 하지만 자원이 불충분하다면, 스트레스가 발생했을 때 활용 가능한 자원이 없기 때문에 회복하기 전에 이미 스트레스는 높은 위험 수준에 달하게 되어 반복적으로 스트레스를 경험하게 되고, 스트레스에서 헤어 나올 수 없는 악순환이 이어질 것이라고 설명했다.

이런 스트레스 모형을 근거로 생각해 볼 때, 스트레스에서 회복하기 위해서는 각자 자신의 자원을 발굴하고 잘 저장해 놓음으로써, 스트레스 상황에서 적절한 에너지를 스스로 공급받을 수 있도록 준비하는 것이 중요하다.

스트레스 버킷 모델Stress Bucket Model

- 우리의 자원이 버킷(양동이)이라고 상상해 보라.
- 정상적으로는 밤에 잠자는 동안, 우리의 버킷은 에너지로 채워진다.
- 아침에 일어났을 때, 우리는 하루 동안 사용할 에너지 가득한 버킷을 얻게 된다.
- 하지만 우리가 스트레스하에 있을 때는 버킷에 구멍이 생긴다. 물론 우리의 버킷은 밤 시간 동안에 에너지로 가득 채워지겠지만 스트레스의 영향으로 구멍이 생기기 때문에, 에너지의 일부 밤 동안에 소진된다. 따라서 버킷 속에 채워진 에너지는 하루 동안 지속되지 않는다. 또는 피곤한 상태이기 때문에 하루 동안 고군분투할 수 없다.
- 우리의 스트레스가 오랜 시간 동안 지속된디면, 버킷의 구멍은 점점 커진다. 그러다 보면, 밤 시간에 에너지가 완전히 채워지기도 전에 대부분의 에너지가 구멍을 통해 밖으로 새어 나가게 된다. 결국 아침에 일어났을 때 우리는 잠을 하나도 못잔 것처럼 피곤함을 느낀다.
- 충분한 수면을 취하지 못한 피곤은 신체적·정서적 스트레스를 더욱 가중한다. 그리고 스트레스를 대처하는 데 더 많은 에너지를 사용하다 보니 몸은 더욱 지쳐 간다. 이런 악순환은 스트레스를 감소시킬 수 있는 자원이 없다면, 끝없이 계속될 수 있다.

출처: http://osh.govt.nz/publications/booklets/stress-tools2008/models-stress.asp

스트레스 해소: 이제부터 시작해 보자

    스스로 스트레스를 많이 겪고 있다고 느끼면서 지긋지긋한 두통과 무력감, 불안 등의 증상으로 하루하루 고통스럽게 살고 있다면, 스트레스에 대처하기 위한 자원 개발이 시급하다. 오랜만에 전화를 한 친구가 "아우, 요새 정말 스트레스 쌓여 미치겠다."라고 한숨을 쉰다면, 어떤 대답을 해 주는 것이 좋을까? '스트레스가 쌓인다.'고 하면, 그 스트레스의 내용이나 특성과는 전혀 상관없이 사람들은 머리에 떠오르는 대로 조언을 해 준다. "스트레스 쌓일 때는 단 것을 먹으면 좋대. 너 좋아하는 치즈케이크 사 줄까?" "아로마 향초 좋은 거 있는데, 한번 써 볼래? 켜 놓고 목욕하면 스트레스가 싹 사라져." "나 요새 요가 하니까 스트레스가 안 쌓여. 너도 같이 요가학원 다니자." "저녁에 간단히 치맥(치킨＋맥주)이나 소맥(소주＋맥주) 어때?" "자고로 스트레스에는 지름신 영접이 정답이라네. 너 찜해 놓고 침만 흘리던 비~싼 스피커 하나 오늘 질러 보지 그래?" 물론 이러한 방법 모두 스트레스 해소에 도움이 될 수도 있다. 문제는, 모든 사람의 모든 스트레스에 맞는 단 하나의 만병통치약은 없다는 것이다. 개인의 성격에 따라, 상황과 맥락, 불편함의 정도, 통제 가능성에 따라 스트레스 대처 방법은 모두 달라진다. 그러므로 우리에게 필요한 것은 부글대는 자기의 마음을 잘 들여다보고 나에게 꼭 맞는 스트레스 관리 전략을 수립한 후, 그에 따라 시간과 에너지를 투자해서 움직여 보려는 노력이 아닐까 싶다.

이제부터는 '스트레스가 쌓일 때' 자신을 효과적으로 돌보기 위한 행동 계획을 수립해 볼 것을 제안한다. 이 과정은 스스로를 돌아보고 내게 도움이 될 만한 자원을 찾아본 후, 한 발짝 한 발짝 실행해 갈 수 있는 구체적인 행동 계획을 수립해 보는 것이다.

사실상 직장인에게 행동 계획이란 너무나 익숙한 개념이다. '직장에서 교육 때마다, 연초마다, 연말마다 작성하는 계획표이지만, 대충 칸을 채워서 제출한 후에는 본인뿐 아니라 주위의 어느 누구도 점검하지 않는 형식적인 종이 쪼가리' 아닌가. 스트레스 관리란 본인을 위한 자기주도적인 행동을 할 때에만 의미가 있다. 아무도 시키지 않은 일이지만, 나 자신의 건강과 행복을 위해 살뜰하게 스스로를 돌보는 시간을 가져 보자. 분명히 나의 심리적 · 체력적 건강지수가 쑤~욱 올라가는 소리를 들을 수 있을 것이다.

다음에는 홍길동 부장의 고민을 살펴보고, 스트레스 관리 전략을 세워 보도록 하자.

〈홍길동 부장의 고민〉

∞ 성명: 홍길동

∞ 연령/성별: 45세/남성

∞ 소속/직급: A사 신규사업개발팀 부장/신규기술 타당화 TFT 책임자 겸직(경력 입사 1년차)

∞ 학력: 대학 2학년 휴학 → 군필 → 미국 대학 학부과정에 입학 → 미국 석사 졸업

∞ 경력
  - 미국 B사 인턴 → 연구원(4년)
  - 국내 C연구소 과장급 연구원(4년)
  - 국내 D연구소 차장급 연구원(2년)

∞ 가족관계
  - 아내: 45세/전업주부/미국 유학생 시절 만남/교육학 석사/전직 학원강사(결혼 15년차)
  - 자녀: 딸(14) 중학교 1학년/미국 출생/초등학교 5학년까지 어머니와 미국에서 거주하다가 6학년 때 귀국
    아들(5) 유치원생/한국 출생

∞ 고민 내용
  - 일이 요새 너무 많아서 힘들다. 일에 치여 죽는다는 게 어떤 건지 실감하고 있다. 새벽 5시에 기상해서 6시에 출근, 12시에 퇴근하는 생활을 1년째 계속하고 있다. 집에서 쉰 주말은 손가락으로 셀 수 있을 정도다. 대부분 주말에도 출근해서 구성원과 기술 스터디를 진행해야 했었다. 이 회사로 옮기기 전에는 주말마다 하키 동호회 활동을 하면서 스트레스를 풀었었는데, 이 회사로 온 후 꼬박 1년 동안 하키 채는 잡아보지도 못했다.
  - 신규사업 개발팀도 이전에 해 봤던 일이 아니어서 힘든데, 갑

자기 신규 기술 타당화 TFT의 책임자가 대장암이 발병하여 휴직하는 바람에 그 일까지 겸직하게 되었다. 게다가 TFT에는 이 회사에서 잔뼈가 굵은 차장급 선배(나보다 5~6년 연상)가 두 명이나 포진하고 있다.

- 직장을 옮긴 지 얼마 안 되어서 사람들과의 관계도 쉽지 않다. 조직 내에서 내 편을 들어 줄 사람은 없다고 느낀다.
- '저 녀석이 일을 잘하나 보자.' 식으로 팔짱 끼고 아래위로 훑어보는 상사의 시선을 자주 느낀다. 다른 팀장도 반농담식으로 "외국물 먹고 들어온 사람은 뭔가 다르겠지. 기대할게요."라고 한다. 근사하게 결과물을 내놓고 싶은 욕심은 많은데, 마음대로 일이 잘 진행이 안 되어서 답답하다. 부하 직원이 좀 빠릿빠릿하게 움직여 주면 좋겠는데, 하나같이 굼뜬 것 같고 여기저기에서 실수가 발견되는 통에 힝상 불안하다.
- 집에 들어오면 좀 마음 편하게 쉬었으면 좋겠는데, 아내가 내 얼굴만 보면 큰 아이 교육 문제로 잔소리가 많다. '남들은 미국에 유학을 못 보내 안달인데, 당신 때문에 아이가 끌려 들어와서 이 만저만 고생이 아니다. 중학생 시기가 얼마나 중요한데, 아이가 헤매는 것이 걱정도 되지 않느냐.'고 하지만, 내 생각에는 초등학교 5학년까지 12년 정도 미국에서 살았으면 영어는 충분히 배웠다 싶고, 중학교부터는 한국에서 다녀야만 한국 대학에 다닐 수 있을 거라 믿는다. 딸아이는 꼭 한국 대학에 보내고 싶다.

〈스트레스 관리를 위한 행동 계획〉

1	스트레스 원인 파악	일	– 신규사업 개발팀과 신규기술 타당화 TFT 책임자 역할을 겸직하게 됨. (업무 과부하) – 나보다 경력이 많은 선배가 팀원으로 오게 됨. (부하와의 관계)
		삶	– 중학생 큰 아이가 적응을 어려워하고 있어 대화를 시도하려 해도, "아빠가 한국으로 들어오라고 해서 이렇게 된 거잖아!"하고 화를 낼 뿐 대화를 하려고 하지 않음. (자녀와의 관계) – 자녀 교육에 대해 아내와 시각 차이가 있어서 갈등이 심함. (배우자와의 관계)
2	스트레스 증상 평가	신체적	– 오후 3~4시가 되면 머리가 깨질 듯한 두통이 항상 찾아와 이마를 누르면서 얼굴을 찌푸리는 모습이 아예 트레이드 마크가 되어 버렸음. 두통약을 매일 먹다 보니 위통이 갈수록 심해지고 있음. – 점심 식사 후 항상 체한 기분이 들기 때문에 책상 서랍에 소화제를 상비해 두고 매일 먹게 됨.
		정서적	– 상사에게 보고를 할 때에는 혹시 지적을 받을까 불안하여 입이 마르고 말을 더듬는 경우가 많음. – 부하의 작은 실수에도 버럭 화를 내거나 예민하게 반응하게 되고 돌아서서 후회하는 악순환을 겪고 있음.
		인지적	– 학술지 논문을 읽고 이해하는 데 예전보다 시간이 매우 많이 걸림. 집중력이 현저하게 떨어짐. – 복도를 지나갈 때, 사람들이 수군대는 것을 보면 왠지 내 험담을 하는 것 같은 생각이 듦.
		행동적	– 원래 커피를 잘 마시는 편이 아니었는데, 잠을 쫓기 위해 커피를 마시다 보니 매일 마시는 커피가 10잔 가까이 될 정도로 늘었음. – 불을 끄고 침대에 누운 뒤 평균 1시간 이상 잠을 못 이루고 뒤척임. 아내가 자기까지 잠을 잘 수 없다고 투덜대다가, 이제는 잠이 안 오면 마루로 나와 소파에서 쪽잠을 청하는 경우가 많음.
		조직적	– 회의 시간을 잡아 놓은 후, 다른 일을 하느라 순간적으로 잊어버려서 꼭 5분씩 지각하는 경우가 늘어났음.

스트레스 해소: 이제부터 시작해 보자 | **117**

3	스트레스 관리에 대한 장애물 검토		– 회사 상황상, 앞으로 1년 동안은 내가 원하는 대로 바꿀 수 있는 가능성이 없음. – 아내가 교육학 전공자이자 전직 학원 강사라서 자신의 교육 방법에 대해 매우 강한 확신이 있음.
4	스트레스 자원 점검	개인적 자원	(강점) 논리성 · 체계성 · 성실함 (약점) 비관주의
		사회적 자원	(강점) 회사 외부(하키 동호회)의 강한 네트워크 (약점) 회사 내 네트워크의 미흡(경력 입사, 사내 유일한 유학파)
5	스트레스 관리 행동 전략 수립	단기적 방법	1) 식이요법(소화력 높이기 위함) 　(첫 단계) 유기농 도시락업체 검색하기 2) 개인 트레이닝(체력을 길러 두통 없애기) 　(첫 단계) 회사 근처 피트니스 센터에 전화하기
		장기적 방법	(일) 담당 이사에게 코칭 받기 → (첫 단계) 이사에게 메일 보내서 미팅 요청하기 ＊사회적 자원(조직 내 상사와 동료 관계) 강화하기 ＊현재의 어려움을 자신의 발전을 위한 자원으로 바라볼 수 있는 희망과 낙관주의 강화
			(삶) 상담전문가에게 부부상담 받기 → (첫 단계) 인사 팀장에게 좋은 상담전문가를 소개해 달라고 부탁하기 ＊아내와의 관계를 정서적인 지원을 주고받을 수 있는 사회적 자원으로 개선하고, 자녀교육에 대한 관점 통일하기

　홍길동 부장의 스트레스 관리를 위한 행동 계획의 예를 보았다. 먼저 스트레스의 원인을 일과 삶의 두 가지 면에서 정리하고, 스트레스의 영향을 신체적 · 정서적 · 인지적 · 행동적 · 조직적인 면에서 평가해 보았다. 다음 단계는 홍 부장의 스트레스 관리 자원을 찾는 것이다. 개인적 차원의 자원과 사회적 차원의 자원을 찾아본

후, 이를 바로 활용할 수 있는 단기적 방법과 좀 더 장기적인 방법을 정리하여 행동 계획을 세워 본다. 마지막 단계는? 그렇다. 실행이다. 다음 5, 6장을 통해 그 실행법을 알아보자.

05
나 스스로 할 수 있는 일:
개인적 차원

모든 단계가 중요하지만 사실상 관건은 개인적·사회적 자원의 활용이다. 내가 가장 통제하기 쉬운 것은 '나'이기 때문에 일단 나에게 있는 자원을 찾아내어 십분 활용해야 한다. 외부의 압력이 있는 대로 높아진 상황에서 김을 빼 주는 방법에 대해 우리 모두가 아마 몇 가지씩은 알고 있으며, 또 활용하고 있을 것이다. 그렇지 않다면 지금 이 책을 읽고 있기도 힘들 테니 말이다. 스스로 알고 있는 것을 모아 보면 생각보다 방법이 많다는 것을 알게 될 것이다. 기호와 성격에 맞는 대로 활용해 보자. 물론 언제까지나 고조된 긴장 상태에서 김만 빼고 있을 수는 없다. 몸의 근육을 단련하듯 평소에 스트레스에 대처하는 마음의 근육도 단련해 놓아야 한다. 긴장 상태에서 즉각적으로 적용할 수 있는 방법과 평소에 마음의 근육을 키우는 방법에 대해 알아보기로 하자.

긴장 풀기

직장은 '총 없는 전쟁터' '천적이 우글대는 정글'로 묘사될 때가 많다. 직장에서의 하루는 잠시도 늦출 수 없는 긴장의 연속이다. 팽팽하게 줄을 당기고만 있다면 끝은 명백하다. 끊어진다. 그러고 싶지 않다면 의도적으로라도 그때그때 긴장을 풀어 주어야한다. 터질 듯한 긴장의 김을 빼는 이완법을 몇 가지 알아보도록하자(Elkin, 2000).

손 마사지

왼손바닥을 펴고, 손가락을 하나로 모은다. 엄지와 검지 사이에있는 살 부분을 집중적으로 마사지한다. 오른손 엄지손가락으로천천히 1부터 15까지 세면서 원모양으로 마사지해 준다. 손목도살살 돌려 보고, 손바닥 부분도 꾹꾹 눌러 주자. 그 다음에는 손을 바꿔 똑같이 마사지해 주자. 평소에 일을 많이 하는 손이니 만큼, 자주자주 쓰다듬어 주고 만져 주는 것이 좋다.

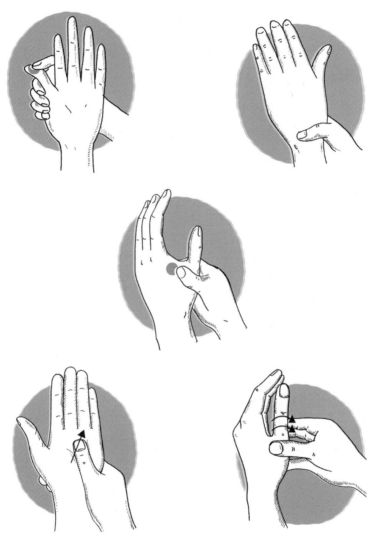

손 마사지

목과 어깨 안마

목과 어깨는 스트레스의 영향을 가장 많이 받는 부분이다. 긴장을 하면, 목과 어깨에 자기도 모르는 사이에 힘이 들어가 경직되기 마련이다. 이때에는 왼손으로 오른쪽 어깨와 목 부분을 힘 있게 주물러 주자. 처음에는 약간 부드럽게 원을 그리듯이 주물러 주고, 그 다음에는 엄지손가락과 나머지 손가락을 이용하여 쥐어짜듯이 어깨와 목 근육을 풀어 준다. 다 끝나면 오른손으로 왼쪽 어깨를 주물러 주자. 컴퓨터를 많이 하는 현대인의 가장 아픈 곳이 목과 어깨다. 일을 하는 중간중간에 긴장되어 있는 내 몸을 세심하게 살펴봐 주자.

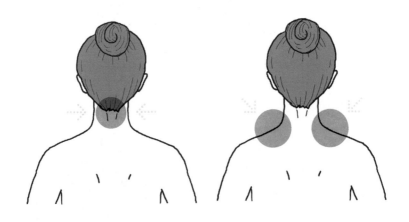

목과 어깨 안마

얼굴 안마

  양손의 손가락 끝을 이마 위에 놓고, 양손의 손바닥은 뺨 아래 놓는다. 손바닥으로 볼을 밀어 올리면서 손가락 끝 부분에 있는 이마는 부드럽게 쓸어내린다. 리듬을 타면서 손가락과 손바닥으로 이완과 수축 운동을 반복한다. 사람들 속에서 항상 긴장을 많이 하고 있는 얼굴도 잊지 말고 매만져 주는 시간을 가져 보기를 권한다.

얼굴 안마

흔들어 주기

때로는 긴장을 털어 버리는 것도 우리에게 큰 도움이 된다. 앉거나 서서 느슨하게 팔을 늘어뜨린 다음, 손목을 사용하여 손을 털어 준다. 팔과 어깨도 함께 흔든다. 어느 정도 흔들고 나서는 속도를 천천히 줄이며 팔을 편안하게 내려놓는다. 이것이 끝나고 나면 마찬가지로 발을 들어 올려 흔들어 준다.

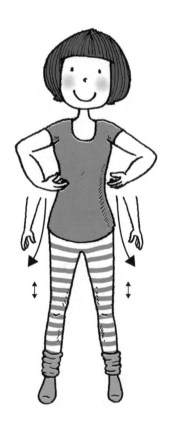

흔들어 주기

강한 호흡

편안한 자세에서 양손을 모으고, 지금 느껴지는 스트레스에 집
중한다. 10초 동안 빠르고 강하게 입으로 숨을 들이쉬고 내쉰다. 들
이쉴 때는 배를 부풀리고, 내쉴 때는 배가 들어가도록 한다. 어지러
우면 약간 강도를 낮춘다. 강하게 호흡하는 동안 머릿속으로는 긍
정적인 장면을 그린다. 평화로운 장면이나 스트레스가 빠져나가는
모습 등을 상상하는 것이 도움이 될 것이다(Loyd & Johnson, 2011).

강한 호흡 마시고 내쉬기

목욕하기

시간적 여유가 있다면 목욕을 해 보자. 목욕은 몸을 깨끗이 씻어 주고 피로를 풀어 준다. 스트레스를 없앤다는 생각으로 때수건으로 박박 문지르다 보면(너무 강하지 않게), 마음의 무거움도 깨끗이 씻겨 내려가는 상쾌함을 느낄 수 있다. 목욕은 외로움에도 좋은 처방이다. 최근 심리학 학술지 『이모션』에 발표된 논문에 따르면, 목욕을 하면 마치 친구와 유쾌하게 대화를 나눈 것처럼 외로움이 없어진다고 한다. 따뜻한 목욕물 속에서 몸으로 느끼는 온기가 친구나 가족, 친지 등 가까운 대인관계에서 느낄 수 있는 정서적 따뜻함을 대체한다는 것이다(일요신문, 2011. 11. 16.). 혼자라는 생각이 들어 스트레스를 받는다면, 잠시 시간을 내어 따스한 물속에 몸을 맡겨 보자.

목욕 하기

'두뇌는 한계를 갖는 기계다.' 미국의 심리학자 마크 버먼Marc
Berman은 수목원을 산책한 학생과 시내를 산책한 학생의 집중력을
비교하는 실험을 하였다. 결과는 당연히 수목원을 산책한 학생의
집중력이 더 높았다(Schnabel, 2011). 결과가 이렇게 뻔한데 빌딩
사이에서 담배를 피우며 휴식하고, 쇼핑몰을 산책하겠는가? 그런
데 실제로는 이렇게 하고 있다. 왜냐하면 공원이 없으니까! 그러나
마크의 두 번째 실험은 이런 핑계도 허락하지 않는다. 사진에 담은
자연풍광을 바라보는 것만으로도 시내 거리를 보는 것보다 정신건

바다 사진 바라보기

강에 훨씬 더 좋은 효과가 있었다. 자, 지금 당장 짙푸른 초원이나 바다 사진이라도 바라보자!

잠깐 눈 붙이고 꿈꾸기

윈스턴 처칠이 제2차 세계대전을 견뎌낼 수 있었던 것은 오로지 매일 낮잠을 잔 덕분이었다고 한다. 「한 번 끄덕이며 조는 게 하룻밤 잘 잔 것과 같다」라는 논문을 발표한 사라 메드닉Sara Mednick에 따르면 낮잠은 스트레스를 줄여 주고, 피곤함을 이기기 위해 먹는 약물이나 알코올 의존도를 낮춰 주며, 세로토닌이라는 물질을 두뇌에 분비시켜 기분이 좋아지게 한다고 한다. 또한 주의력을 100%까지 끌어올리고 기억력과 창의성을 높이는 것은 물론, 충분히 잠을 자면 군것질을 즐기지 않게 되어 살을 빼는 데나 동안을 유지하는 데도 도움이 된다고 하니, 오늘부터는 잠깐씩 눈을 붙이는 시도를 해 보자(Schnabel, 2011).

편안한 마음 회복하기

몸을 문지르고 흔들고 씻어 주면 터질 듯한 긴장의 김을 빼 주는 효과를 볼 수 있다. 다음은 마음의 안정을 위해 생각을 움직여 보는 방법을 알아보도록 하자.

주의 전환하기

"스트레스 어떻게 해소하세요?"라고 물으니, 많은 사람이 "다른 일에 몰두해요."라고 대답한다. 그렇다. 나를 붙잡고 있는 스트레스원에서 고개를 돌리듯 주의를 돌리면 된다. 가장 간단하면서 효과적인 방법이다. 즐거운 일로 관심을 전환하면 골칫거리는 잊을 수 있다. 심리학자는 한 번에 두 가지 일에 집중하기는 어렵다고 하니, 과학적인 근거도 있는 방법이다.

우리는 부정적 사고와 감정을 계속해서 되뇌는 습성이 있다. 잘못된 일을 끊임없이 분석한다고 해서 달라지는 것은 없다. 이미 다 끝난 일이므로 기분만 점점 더 구렁텅이로 떨어질 뿐이다. 자신이 처한 상황을 좀 더 객관적으로 이해하고 분석하며 대안을 찾고, 다음에는 같은 실수를 범하지 않기 위해 곱씹어 생각하려 한다면, 우선은 부정적인 악순환을 야기하는 반추의 손아귀에서 벗어나야 한

주의 전환하기

다. 그러기 위해서는 주의를 전환시켜 줄 무언가가 필요하다. 건강한 오락거리가 그중 하나가 될 수 있다. 운동하기, 게임하기, 영화 보기, 책이나 신문 읽기, 친구와 수다 떨기, 취미 활동, 음악 듣기, 공상 등 잠시 주의를 전환하고 여유를 찾게 하는 방법이다. 그렇다고 주의를 돌릴 수 있게 하는 모든 것이 무조건 좋은 것은 아니다. 술이나 마약, 음식, 대중매체에 의지하는 정도가 너무 많아지다 보면 중독되거나, 폭식을 하고, 폭력적이고 선정적인 프로그램에 노출됨으로써 오히려 스트레스가 더 가중될 수 있다. 부작용 없이 주의를 전환하여 즐길 수 있는 건강한 오락거리를 찾을 필요가 있다.

나만의 공간 찾기

어릴 때 읽은 동화를 생각해 보자. 아이에게는 늘 자기만의 은밀한 장소(ex. 벽장 속, 다락방 구석, 소파 뒤의 어두운 공간)가 있다. 엄마에게 혼나 슬플 때나 엄마를 기다리다 외로울 때 가서 숨어 있곤 했던 장소 말이다. 어른이 되면 그런 곳이 필요치 않다고? 그렇지 않다. 코헛Kohut이라는 심리학자는 어린아이에게 어머니가 해 주었던 것처럼 어른에게도 늘 지지하고 격려해 주는 자기대상self-object이 필요하다고 했다. 어른은 그 대상이 내재화되어 있기 때문에, 힘들 때마다 잠시 그 대상을 끄집어내어 자신을 위로하는 자기대상으로 만들어야 한다는 것이 아이 때와 다른 점일 뿐이다. 그러니 어른에게도 자기를 위로할 수 있는 나만의 공간이 필요하다.

회사에서든 집에서든 방해받지 않을 만한 조용한 장소를 찾아놓자. 편안한 자세로 앉아 눈을 살짝 감고 긴장을 풀면 기분이 좋아지는 장소나 장면, 기억을 떠올려 보자. 오감을 모두 사용하여 그 장면을 보고, 듣고, 냄새 맡고, 느껴 보자. 긴장이 풀리는 것을 느낄 수 있을 것이다.

부정적인 생각 정지시키기, '그만!'

주의를 돌려 보려 하지만 집요하게 떠오르는 잡념이 가시질 않는다면? 잡념이라는 녀석에게 좀 더 단호하게 대처해야 한다. 우선 자신이 지금 무슨 생각을 하고 있는지 확인한 다음, 마음속으로 생생하게 정지 신호를 그린다. 이제 스트레스를 주는 생각을 향해 최대한 부드러우면서 단호하게 "이제 그마~~안!"이라고 말해 보자. 세 번 말했는데도 효과가 없다면 크고 강하게 소리치자. "정지!" "그만!" "Stop!" 소리를 지를 환경이 아니라면 마음속으로 크게 외치면 된다. 힘껏! 이제 다시 다른 생각을 해 보자.

속으로 외치는 것만으로는 잡념이 멈춰지지 않는다면, 신체적인 자극을 약간 줄 수도 있다. 고무줄을 팔목에 두르고 살짝 당겼다가 놓아 주자. 자학적이라고? 그렇지 않다. 머릿속에 정지 신호를 그리고, 잡념을 내쫓을 만큼만 자극을 주면 된다.

부정적인 생각 정지시키기

웃음의 효과

인디애나 존스를 기억하는가? 긴장과 스릴이 폭발할 듯한 순간에 농담을 하는 주인공, 대체 어떻게 이런 순간에 우스갯소리를 할 수 있을까. 우리 아버지들은 잘 웃지 않으셨다. 엄숙한 순간, 긴장 속에서 웃을 수는 없었다. 그러나 오늘날 긍정심리학자는 순간적으로 긴장을 풀어 주면서 대처 역량을 확장시키는 웃음의 놀라운 기능을 발견했다. 오디션의 긴장 속에서 잘 하려다 미끄러져 헛발질하는 참가자를 보는 순간, 큭 웃음이 터지고 순식간에 모두에게 웃음이 전염되면서 팽팽한 긴장감에서 김이 빠진다. 웃으면 심장 박동 수와 혈압이 올라가 에어로빅과 같은 효과가 있다고 한다. '내적인 조깅inner jogging'이라 불릴 만큼 건강에 좋다.

그런데 인기 코미디 프로그램을 보아도 웃지 못하는 사람이 있다. "저런 걸 보면서 웃음이 나오니? 어떻게 웃음이 나와?" 로레타 라로슈Loretta LaRoche는 사람들이 너무 바빠서, 누가 뭐라고 할까 봐 두려워서, 자아가 너무 강해서 웃지 못한다고 하였다. 웃으면 기운이 빠지기 때문이라는 웃기는(?), 아니 웃기지 않는 이유도 있다. 웃자, 웃자. 스트레스가 해소된다지 않는가? 병이 치료된다지 않는가? 웃지 못할 이유가 어디 있는가?

그러면 어떻게 웃는 것이 효과적일까? 모나리자의 미소? 박장대소? 답은 '가능하면 큰 소리로 몸을 흔들며 웃는다.'다. 워밍업부터 하고 시작하자.

• 워밍업

뭐든지 워밍업, 준비 운동이 필요하다. 웃음 훈련을 위해 '아, 이, 우, 에, 오' 연습을 해 보자. 평소에 쓰지 않는 근육을 움직여 보고, 마음을 편안히 해 보자. 근육 운동을 해서 입 주위가 얼얼한 느낌이 들면 정확하게 한 것이다. 생각날 때마다 연습해 두면 얼굴 표정이 한결 부드러워질 것이다(전도근, 권영복, 최승원, 황태옥, 2010).

아, 이, 우, 에, 오

• 배가 아프도록 백 번 웃기

인도의 마단 카타리아Madan Kataria 박사는 스트레스를 줄이기 위해 웃음 클럽을 설립했다. 웃음 클럽의 회원은 수백 명씩 주차장에 모여 30분간 웃어댄다. 처음에는 억지로 '하하' 웃는 것으로 시작하지만 곧 명랑한 기분이 바이러스처럼 퍼져 나간다. 그 결과 회원은 건강이 호전되고 스트레스 수준이 낮아졌다고 한다(LaRoche, 2004).

매일 코미디 프로를 보고 있을 수는 없다. 웃을 틈도 없을 만큼 바쁘다. 스트레스가 최고인 상황, 도저히 웃을 수 없는 상황에서 웃으려면 어떻게 해야 할까? 『유쾌한 스트레스Life is short: wear your party pants』의 저자 로레타 라로슈Loretta LaRoche는 스스로 웃음을 유발하라고 한다. 스스로 개그맨이 되거나 시트콤 작가가 되어 보라는 것이다.

배꼽이 빠지도록 웃기

• 과장법으로 웃음 유발하기

과장된 시나리오를 써서 웃음을 유발해 본다. 생각이나 글로 자신을 극단적인 수준까지 끌고 가 의도적으로 괴롭히면서 슬쩍 반전을 꾀한다. 스트레스 상황의 끝장을 보는 것이다.

예를 들어, 술을 좀 마신 다음 날 늦잠을 자 중요한 회의에 15분 지각했다. 헉! 큰일!! 이마를 잔뜩 찡그린 사장님, 안절부절못하는 부장님, 뾰로통하고 입 내민 김 대리, 생각하기도 싫은 상황이다. 이 상황을 과장해서 큰 웃음을 터뜨리고 싶다. 막장 시나리오를 써 보자. 제목은 '15분 지각으로 이혼한 남자!' 다음 글을 개그 콘셉트로 읽어 보자. 〈개그콘서트〉의 시청자라면 너무나 잘 알고 있을 '비상대책위원회'라는 코너의 "야, 안 돼~ 안 돼~" 김원효 씨를 떠올릴 수 있을 것이다.

"15분 지각이라니, 안 돼~ 안 돼~ 사장님이 팔짱을 낀 채 문 앞

웃음 유발하기

에 서 있겠지. 다른 직원은 그 뒤에서 나를 노려보고 있겠지. 사장님은 '이 과장, 회의 다 끝났네.' 라고 할 테고 나는 '죄송합니다.' 라고 대답하겠지. '죄송? 다들 들었나? 죄송하시다는군.' 사장님이 말하면 동료들은 모두 웃고, 쳐다보고, 쑥덕거리겠지. 사장님은 '이제 우리 회사는 망했네. 모두 자네 탓이야. 120년 전 우리 증조할아버지가 만드신 이 회사가 하루아침에, 자네 때문에 망했어.' 라고 말하겠지. 내가 자리를 피하려는데 누군가 등 뒤에서 '회사가 망하다니! 이제 애들 학교 보낼 돈도 없으니 가서 아이를 데려 와야해. 이게 다, 이 과장님 때문이야.' 라고 말하겠지. 난 슬금슬금 차로 돌아와 집으로 가겠지. 집에 가 보면 가족은 이미 떠나고 없을 테고 남은 건 달랑 쪽지 한 장이겠지. '창피해서 동네 사람들 쳐다볼 엄두가 안 나. 애들이랑 친정으로 갈 거야. 찾아올 생각은 아예 하지도 마.' 직장이 없으니 대출금은 앞으로 두 달밖에 못 내겠지. 물론 늦잠 자는 큰 실수를 저질렀으니 나를 고용할 회사도 없을 테고. 그러니 집은 팔아야겠지. 난 아무짝에도 쓸모없는 인간. 돈도 없고 가족도 없고 길거리에 나앉아 구걸이나 하며 살아야겠지……."

'회의 15분 지각'에 결론은 '구걸 인생에 이혼'. 이렇게 과장되게 밀어붙이며 개그스럽게 읽다 보면 처음 했던 염려나 걱정이 비현실적이라는 사실이 분명하게 드러난다. 그러면 최소한 피식 하는 웃음과 함께 긴장도 풀릴 것이다(LaRoche, 2004).

눈물과 함께 스트레스 호르몬 배출하기

억울하고 화가 나면 눈물이 난다. 눈물이 나도 〈들장미 소녀 캔디〉처럼 참고 참고 또 참으며 웃을 수도 있다.

외로워도 슬퍼도 나는 안 울어. 참고 참고 또 참지, 울긴 왜 울어. 웃으면서 달려 보자, 푸른 들을. 푸른 하늘 바라보며 노래하자. 내 이름은, 내 이름은, 내 이름은 캔디. 나 혼자 있으면 어쩐지 쓸쓸해지지만, 그럴 땐 얘기를 나누자, 거울 속의 나하고. 웃어라, 웃어라, 웃어라, 캔디야. 울면 바보다. 캔디, 캔디야.

하지만 본능에 충실하는 것도 스트레스 해소에는 좋다. 1985년 미국의 윌리엄 H. 플레이 박사는 눈물의 성분을 분석해 발표하였다. 눈물에는 스트레스를 느끼면 생성되는 호르몬 물질이 함유되어 있어 눈물과 함께 체외로 배출된다고 한다. 실컷 울어 본 사람은 알겠지만, 눈물을 흘리면 체내의 불순물이 다 빠져나가는 것 같은 개운함을 느끼게 된다. 슬플 땐 슬퍼하자. 울고 싶을 때는 실컷 울자. 소리를 내어 울 수 없는 상황이라면 드라마 〈발리에서 생긴 일〉의 조인성처럼 주먹으로 입을 틀어막고서라도 눈물을 흘리자. 눈물과 함께 스트레스 호르몬이 배출되어 마음이 한결 개운해질 것이다.

눈물 흘리기

걷고 뛰고, 운동하기

'탁~!' 공이 맞는 소리와 함께 스트레스도 날아간다는 사람도 있다. 볼링 핀을 스트레스원이라 생각하고 힘껏 공을 굴렸을 때 핀이 한 번에 쓰러지는 '스트라이크!'의 통쾌함도 도움이 될 것이다. 2008년 영국 정신건강재단의 발표에 따르면, 가벼운 우울증 환자에게 항우울제나 기타 치료법 대신 운동을 처방하는 의사가 22%에 이르고 있는데, 이는 3년 전에 비해 4배 이상 늘어난 것이며, 우울증에 운동 요법이 효과가 있다고 응답한 의사가 3년 전의 41%에 비해 61%로 크게 늘었다고 한다(김주환, 2011).

난 있잖아, 엄마가 세상에서 제일 좋아. 하늘땅만큼.
엄마가 보고 싶음 달릴거야. 두 손 꼭 쥐고.
달려라, 달려라, 달려라 하니. 이 세상 끝까지. 달려라 하니.

〈달려라! 하니〉 주제가의 가사에서도 알려 주듯, 어린 아이도 달리면 기분이 좋아진다는 걸 알고 있지 않은가. 왜 주저하는가. 일어서서 달리자. 하지만 잠깐, 운동에도 요령이 필요하다. 김주환(2011)은 운동의 요령을 이렇게 제시하고 있다. 조깅, 에어로빅, 줄넘기 같은 유산소 운동과 아령, 팔굽혀 펴기 같은 근력 운동, 요가나 스트레칭 등의 장력 운동을 고루 할 필요가 있고 일주일에 세 번 이상, 즐겁고 재미있을 정도로 적당히 할 것을 권유한다. 요즘은 운동 중독 증세를 보이는 사람도 많으니, 적당한 운동이 되도록 특별히 유의하는 것이 필요하다. 음악에 맞춰 에어로빅이나 댄스 스포츠 등의 리듬을 타는 운동이 좋고, 혼자 하기보다는 누군가와 함께 하는 것이 더 좋다. 그리고 실내에서만 하려 하지 말고 야외에서 햇빛을 받으며 할 것을 권유한다. 물론 운동의 효과를 믿고 하는 것은 기본이다.

햇빛 받으며 조깅하기

[스트레스, 대처를 넘어 행복으로]

스트레스에 압도되기 전에 평소에 스트레스에 대처하는 힘을 키우는 것이 실은 더 중요하다. 좀 더 적극적으로 노력해서 현재의 삶을 행복하고 만족스럽게 유지할 수 있다면 더욱 좋겠다.

현재 자신의 삶을 만족하게, 나아가 행복하게 해 주는 요인은 무

〈행복(삶의 만족도)과 긍정적 상관을 나타내는 요인〉

낮은 상관	중간 정도의 상관	높은 상관
나이	결혼	직업 만족도
성별	종교	낙관성
교육 수준	여가 활동	자존감
사회계층	친구의 수	성적 활동의 빈도
수입액	신체적 건강	긍정 감정의 경험 빈도
자녀 유무	성실성	감사 경험
종족(다수집단 대 소수집단)	외향성	
지능 수준	정서적 안정성	
신체적 매력도	내부적 통제 소재	

출처: 권석만(2008). 긍정심리학.

엇인가(권석만, 2008)? 심리학자 피터슨Peterson의 연구에 따르면, 일반적인 예상과는 달리 사회경제적 지위나 신체적 매력과 행복은 상관관계가 낮은 반면, 직업만족도, 낙관성, 자존감, 긍정적인 감정, 감사 등의 요소는 행복과 높은 상관이 있는 것으로 나타났다. 요즘같이 경제적으로 어렵고 평생을 벌어도 집 한 채 마련하기 어려운 상황은 무력감을 느끼게 할 수 있다. 이런 상황에서 외적 조건보다 낙관성이나 긍정적인 감정, 감사하는 마음같이 개인이 통제할 수 있는 부분이 행복과 상관이 높다는 것은 희망적이다. 스트레스에 압도되지 않고 삶에 만족하며 행복할 수 있는 방법이 내 안에 있기 때문이다.

그러면 이러한 특성 중 내가 갖고 있는 것은 무엇인가? 직업에 만족하는가? 평소에 낙관적인가? 긍정적인 감정을 자주 느끼는 편인가? 감사할 일이 많은가? 만약 이 중에 하나라도 아니라고 대답했다면 지금부터 이런 자원을 개발하고 키워나가는 것이 스트레스에 대처하는 자원을 확보하는 길이 될 것이다.

회복탄력성

스트레스를 받을 때 우리는 얼마나 빨리 원래 상태로 돌아오는가? 용수철은 누르면 튀어 오르는 성질이 있다. 넘어져도 다시 일어서는 것, 튀어 오르는 것이 탄력성이다. 사람에게도 이런 심리적 특성이 있다. 그것이 회복탄력성resilience이다. '2008-2009 ISU 피겨스케이팅 그랑프리 파이널 시니어 여자 프리스케이팅' 경기에서 우리는 김연아 선수가 넘어진 후 바로 일어서서 태연하게 경기를 진행하는 모습을 보았다. 이와 같이 엄청난 스트레스나 중압감, 역경에 직면했을 때 다시 일어서는 능력, 회복하는 능력을 심리학에서는 회복탄력성이라고 부른다.

『0.1그램의 희망』의 저자인 서울대 이상묵 교수는 회복탄력성을 보여 주는 대표적인 분이다. 그는 2006년 미국 캘리포니아 공과대학과의 공동 프로젝트를 진행 중에 사막에서 차량이 전복되는 큰 사고를 당했다. 이 사고로 목 아랫부분을 전혀 움직일 수 없는 전신마비 상태가 되었다. 하지만 놀랍게도 6개월 후 강단에 복귀하였고, 전동 휠체어를 타고 다니며 학자로서의 왕성한 활동을 펼치고 있다. 그는 "사고로 장애가 생겼지만 다시 재기해 활동하는 데 필요한 최소의 부분은 하늘이 가져가지 않았다. 하늘은 모든 것을 가져가고 희망이라는 단 하나를 남겨 주었다."라고 말한다. 사고 직후의 고통 속에서도 부모의 사랑을 독차지한 장남인 자신 때문에 두 동생이 상처받았을 것을 떠올리며 용서를 빌었다는 말은, 그가 역경 앞에서 튀어 오르는 회복탄력성이 뛰어난 사람임을 보여 준다.

뇌파 실험에 따르면, 회복탄력성이 높은 사람과 낮은 사람의 뇌는 역경에 반응하는 방식이 다르다. 회복탄력성이 높은 사람은 실수를 두려워하지 않으면서도 자신의 실수에 대해서는 민감하게 알아차리고, 실수에 따른 피드백을 적극적으로 받아들이는 뇌를 지녔다. 회복탄력성이 낮은 사람은 실수를 두려워하여 실수는 덜하지만, 정작 실수를 했을 경우에는 민감하게 반응하고 받아들이기보다 억누르고 무시하는 경향이 있다(김주환, 2011).

그렇다면 회복탄력성은 특별히 뛰어나게 강인한 사람만의 전유물인가? 메이슨Masten은 그렇지 않다고 말한다. 회복탄력성은 초인적인 노력이나 능력에서 발생하는 것이 아니라 많은 사람이 일상에서 시련이나 고난에 직면했을 때 흔하게 보이는 것이며, 탄력성과 관련된 자원은 일상에서 흔히 볼 수 있는 것이라는 점에서 '일상의 마술'이라고 불렀다(Baumgardner, & Crothers, 2009). 즉, 우리의 뇌를 긍정적으로 변화시키고, 자신의 대표 강점을 발견하고 수행하며, 규칙적인 운동과 감사하기와 같은 훈련 등을 통해 회복탄력성을 증진할 수 있다(김주환, 2011).

바버라 프레드릭슨Barbara Fredrickson은 자아회복성 척도를 사용하여 9·11 테러 이후 대학생이 회복하는 데 무엇이 가장 영향을 주었는지를 조사하였다. 그 결과 9·11 이후 누구나 우울감을 느꼈지만 회복력이 강한 사람은 우울증이라고 진단할 만한 징후는 거의 보이지 않았고, 오히려 그 전과 비교해 더 낙관적이고 차분하며 삶에 충실해지는 등 심리적으로 더욱 강해진 측면을 보였다. 회복력이 강한 사람과 그렇지 않은 사람의 가장 결정적인 차이점은 '긍정성'이었다. 프레드릭슨은 이렇게 말한다. "우울감을 덜고 심리적으로 더욱 성장한 이면의 메커니즘은 긍정성이었다. 회복력과 긍정성은 나란히 진행한다."(Fredrickson, 2009) 그렇다면 긍정성을 높임으로써 회복탄력성을 높이고 궁극적으로 삶의 만족을 높이는 방법이 있는지 알아보도록 하자.

긍정 정서, 그 효과와 경험을 늘리려면

정서는 행동을 유발하고 촉진한다. 불안과 공포는 도피 행동을, 분노와 혐오는 공격 행동을 유발하거나 촉진한다(Seligman, 2009). 부정적인 정서는 위험한 상황에서 우리를 보호해 주는 역할을 한다. 그렇다면 긍정 정서는 어떤 역할을 할까? 긍정 정서는 기분을 좋아지게 하고, 사고를 확장하고 자산을 구축하며, 회복을 도와주는 특성이 있다. 연구에 따르면, 사람들은 긍정적인 정서를 느낄 때 다른 사람과 더 많이 상호작용하고 새로운 경험을 찾아 나서며, 창조적인 도전이나 이타적인 행동을 더 많이 한다고 한다.

프레드릭슨과 레빈슨Levenson은 대학생에게 발표 과제를 준비시키는 실험을 하였다. 발표 전 준비 시간에 학생은 교감신경계가 흥분하고 불안이 높아져 있었다. 1분의 준비 시간 후에 기쁨, 만족감, 슬픔 또는 중립 감정을 유발하는 영화 중 하나를 보게 하였다. 기쁨과 만족감 같은 긍정 정서를 유발하는 영화를 본 학생은 그렇지 않은 학생에 비해 더 빨리 불안과 흥분에서 정상 상태로 회복이 되었다. 이는 긍정 정서가 부정 정서에 따른 부정적인 생리적 효과를 원상태로 회복시키는 기능도 한다는 것을 보여 준다.

프레드릭슨은 긍정성이 이런 효과를 발휘하려면 최소한 긍정성 대 부정성의 비율이 3:1은 되어야 한다는 것을 발견하였다. 즉, 부정적인 감정을 한 번 느끼면 최소한 긍정적 기분을 세 번 정도는 느껴야 긍정성의 효과가 나타난다는 것이다. 감정은 수시로 변하는 것이지만, 그는 24시간 전까지의 기분이 어떠했는지 측정해 보면서 긍정성을 테스트하는 검사를 고안하였다. 그 검사는 '우습거나 재미나거나 우스꽝스러운 느낌, 화나거나 약 오르는 느낌, 수치스럽거나 모욕적인 느낌, 경탄스러운 느낌, 무시당한 느낌'을 어느 정도나 받았는지를 체크하는 20개 문항을 통해 자신의 긍정성을 살펴보도록 구성되었다(Fredrickson, 2009).

이 험한 세상, 시시각각으로 대처하고 수습해야 할 상황 투성인데 긍정 정서 경험은 어떻게 증진할까? 정서 성향에 대한 대표적인 연구자인 왓슨Watson은 '유전이나 생물학적 요인이 영향을 미친다고 해서 체념할 필요는 없다. 우리는 긍정성을 증대시킬 수 있는 자유가 있다.'고 하면서, 긍정 정서로 변화시키기 위해서는 목표의 달성보다 목표를 향해 노력하는 과정에 집중하면서 미세한 변화와 과정을 잘 음미하라고 조언한다(Diene,& Diene, 2009). 『긍정심리학』의 저자인 마틴 셀리그만Martin Seligman 역시 다음과 같이 긍정 정서를 습관화하고, 과정을 음미하며 주위에 관심을 기울여 보라고 권하고 있다(Seligman, 2009).

즐거움을 느끼는 습관 들이기

긍정 정서를 향상하기 위해서는 일상생활에서 긍정적 정서를 유발할 수 있는 일을 최대한 누리되, 되도록 시간 간격을 넓혀 틈틈이 경험하는 것이 좋다. 가족이나 직장 동료와 뜻밖의 기쁨을 주고받을 수 있는 즐거움이라는 선물을 나눠 보는 것도 하나의 방법이다. 외근 나갔다 돌아오는 동료에게 따끈한 한 잔의 커피 또는 시원한 음료 한 잔, 마음을 담은 짤막한 쪽지 한 장, 꽃을 가득 담은

꽃병……. 이런 종류의 기쁨을 선사하는 데는 하루 5분이면 충분하다. 무엇을 할지 많이 생각해야 한다면 오히려 스트레스다. 아름다운 마음이 동할 때 많이 생각하지 말고 즉시 행동하면 된다.

입사 초기 출장을 많이 다니는 부서로 발령받았던 한 직원이 어느 날 사장님의 방문을 받았다. 사장님의 방문에 당황하는 직원에게 사장님은 포장된 초콜릿과 감사카드를 내밀며 "출장 다니느라 힘들지?"라는 위로의 말씀을 하셨다. 밤낮을 가리지 않고 출장 다닌 직원의 피로가 잠시나마 훌훌 날아갔을 것은 당연한 일이고, 순간적으로 환해지는 그의 얼굴을 본 사장님의 기쁨도 크지 않았을까?

과정 음미하기

속도와 미래만이 중요한 현실이라면 현재는 빈곤해질 수밖에 없다. '음미한다'는 것은 곧 긍정 정서를 발견하여 느끼려는 찰나를 포착하려는 의식적인 노력이다. 로욜라 대학교의 브라이언트Bryant와 베로프Veroff 교수는 '음미하는 곳'이라는 작은 농원을 만들고 그곳에서 아이에게 받은 편지를 음미한다.

내 아이가 쓴 편지를 좀 더 찬찬히 볼 수 있는 조용한 시간을 내어 차례차례 읽어 간다. 따뜻하고 부드럽게 내 몸을 어루만져 주는 샤워 물줄기처럼 편지 속의 글이 느릿느릿 굴러와 내 몸을 감싸도록 나는 한 줄 한 줄 천천히 읽어 간다. 눈물이 날만큼 정겨운 대목도 있고, 자기 주변에서 일어나는 일을 날카롭게 꿰뚫은 자못 놀라운 대목도 있다. 마치 내가 편지를 읽고 있는 이 방에 함께 있기라도 하듯 아이 모습이 생생하게 떠오른다.

이 두 교수가 제안한 음미하기를 증진하는 방법은 의외로 간단하다. 경험을 함께 나눌 수 있는 사람과 그 순간을 공유하기, 사진으로 찍은 듯 그 순간을 마음에 새겨두거나 기념할 만한 물건을 보관해 두는 추억 만들기, 다른 사람을 감동시킨 자신을 대견하게 여기고 자신의 성취를 뿌듯하게 즐기며 자축하기, 현재 자신이 하고 있는 일에만 집중하고 나머지는 차단하기, 자신이 하고 있는 일에 전념하여 심취하는 것이다.

낙관주의

물 컵에 물이 얼마나 있습니까?

반이나 남았네요.

반밖에 없네요.

긍정적 생각, 부정적 생각

낙관주의는 미래에 대한 긍정적인 태도를 의미한다. 소망하는 일들이 미래에 실현될 것으로 기대하는 희망적인 태도로서, 긍정 정서와 활기찬 행동을 통해 목표지향적 행동을 촉진한다. 낙관주의자는 비관주의자보다 어려움을 잘 견디고, 새로운 환경에 잘 적응하고, 건강하고 장수하며, 삶의 여러 영역에서 성공적인 수행을 보인다. 왜 그럴까?

샤이어Scheier와 카버Carver는 이를 대처 전략의 차이라고 설명한다. 낙관주의자는 문제 중심으로 상황을 긍정적으로 재구성하며 상황의 현실을 수용하는 경향이 높은 반면, 문제를 부인하거나 거리를 두는 경향성은 낮다. 또한 스트레스 사건의 현실을 받아들이고, 나쁜 상황에서도 최선을 다하며 배우려 한다. 이렇게 낙관주의자가 자기통제와 직접적인 문제해결 중심적 대처를 하는 반면, 비관주의자는 잠자기, 먹기, 마시기 등의 회피 행동을 하며 사람들에게 지나치도록 많은 지지를 구하거나 혹은 사람들을 회피하는 정서중심 대처를 하는 경향이 있다. 한정된 에너지를 문제해결이 아니라 도망가는 데 쏟고 있는 것이다.

〈낙관주의자와 비관주의자의 대응전략〉

낙관주의자	비관주의자
• 정보 추구	• 사고의 억압
• 능동적 대응과 계획	• 포기
• 긍정적 재해석	• 자기혼란
• 장점 찾기	• 인지적 회피
• 유머 사용	• 불편에 초점
• 수용	• 외현적 부인

출처: Scheier, Carver, & Bridges. (2002). 긍정심리학.

마틴 셀리그만 박사는 낙관주의자와 비관주의자의 차이를 언어 습관의 차이로 설명한다. 불행한 일에 대해 낙관주의자와 비관주의자는 습관적으로 행하는 설명 방식이 다르다는 것이다. 비관주의자는 어떤 어려움이나 불행을 안정되고, 보편적이고, 내적인 원인으로 설명하는 반면, 낙관주의자는 일시적이고, 특수하고, 외적인 원인으로 설명하는 경향이 있다. 가령 고객과의 상담이 실패한 경우, 비관주의자는 '이제 다 끝났어(안정적). 내 성격이 못돼서 그래(보편적). 내 탓이야(내적).'라고 설명한다면, 낙관주의자는 '지금은 너무 지쳤어(일시적). 그 사람한테 좀 쌀쌀맞게 굴었어(특수한). 상황이 좀 안 좋았어(외적).'라고 설명한다. 어느 쪽이 다음 고객과의 상담을 더 유리하게 이끌어 갈지는, 너무나 명백할 것이다.

이 장의 앞에서 예를 든 홍길동 부장은 논리적이고 체계적이고 성실하다는 강점이 있지만 비관주의적인 성향이 있었다. 이러한 성향은 바뀌지 않은 것일까? 셀리그만 박사는 낙관주의도 학습된다고 주장하였다. 그는 유연한 낙관주의자가 되기 위해서는 자신에게 말하는 법, 기운을 북돋아 주는 관점에서 바라보는 법을 배우라고 권한다. 그러나 위험하고 불확실한 미래의 계획을 세우거나, 어려운 처지에 있는 사람에게 무조건 낙관적인 이야기로 시작하는 것은 오히려 역효과가 날 수 있다. 낙관적인 언어가 도움이 되는 때는 무엇을 성취해야 할 때, 자신에게 힘을 주어야 할 때, 상황이 장기화되면서 건강이 중요한 문제로 떠오를 때 등이다.

부정적인 생각이 우리를 낙담하고 포기하게 이끈다면, 부정적인 생각을 반박함으로써 다른 건설적인 행동을 하게 하는 방법도 있다(Seligman, 2008).

생각 바꾸기: ABC 모형

우리는 어떤 상황이 그에 대한 감정을 유발한다고 믿고 있다. 하지만 인지이론가는 그렇게 말하지 않는다. 상황과 감정 사이에는 각자의 믿음 또는 생각이 있다. 즉, A라는 선행 사건에 대해 B라는 믿음과 생각이 작동하여 C라는 결과가 나타난다는 것이 ABC 모형이다. 다음의 예를 보고 ABC를 찾아보자.

ABC 찾기 연습

ABC의 A(Antecedent)는 벌어진 상황이다. B(Belief)는 그 상황에 대한 자신의 생각이나 신념이다. C(Consequence)는 그에 대한 감정이나 행동이다.

A. 상 황	B. 신 념	C. 결 과
• 상황을 객관적으로 사실대로 기록한다. • 평가하지 않는다. 평가는 사실이 아니라 추론이다.	• 나쁜 일에 대한 본인의 해석을 적는다. • 생각과 감정을 분리한다.	• 자신의 감정이나 행동을 기록한다. • 확인 가능한 모든 감정과 행동을 다 기록한다.

[연습 1] 다음 예에서 B에 들어갈 수 있는 생각은 어떤 것이 있을까?

A	주차할 곳을 봐두었는데 다른 사람이 새치기했다.
B	나는 _____ 라고 생각했다.
C	나는 화가 나서 창문을 내리고 그 사람한테 소리를 질렀다.

아마 '내 자리를 훔쳐갔네, 저런 뻔뻔하고 치사한…….' 이라는 생각이 들었다면, 화가 나서 소리를 지르는 반응을 할 것이다.

[연습 2]

A	보고서 작성이 미비했다고 직원에게 큰소리를 질렀다.
B	스스로에게 '형편없는 상사네.' 라는 생각이 들었다.
C	나는 _____ 느꼈다.

C에 들어갈 느낌은 어떤 것이 있을까? '하루 종일 우울하고 기분이 나빴다.'일 수 있다. 큰소리로 야단친 일로 스스로를 '형편없는 상사' 라고 명명해 버리게 되면, 자신에 대해 크게 실망하고 좌절할수 있다. 어떤 일을 해석하는 데 본인 자신의 고정된 특성에 귀인할수록 낙담과 실망도 오래 간다.

• 나의 ABC 기록하기

A는 벌어진 상황이다. 있는 그대로 기록해 보자. B는 그 상황에

대한 자신의 생각이나 해석이다. 감정이 아닌 '생각'만을 적는다. C는 그 결과인 감정이나 행동이다. 자신의 상황을 적어 보자.

[연습 3]

A	자격증을 딸 생각으로 온라인강좌를 신청했다. 시험을 보았는데 성적이 바라는 만큼 나오지 않았다.
B	형편없는 성적이군. 열심히 해서 이 나이에 자격증을 따봐야 무슨 소용이 있겠어. 무슨 생각으로 등록을 했담. 너무 늦은 거야.
C	무리한 시도를 한 자신이 어리석게 느껴지고, 더 이상 쓸모없는 사람이 된 것 같아 우울했다.

A	
B	
C	

주의 돌리기

부정적인 감정을 바꾸기 위해서는 비관적인 생각을 바꿔야 한다. 우선 부정적인 상황에서 주의를 돌리고 난 다음 적극적으로 부정적인 사고를 반박한다.

주차를 하던 [연습 1]로 돌아가 보자. 우선 주의를 전환한다. 새치기를 하다니! 나쁜 놈, 치사한 놈 ……놈, 놈, 놈 하다가는 기분만 나빠질 뿐이다. 그 시간에 주의를 돌려 다른 공간을 찾는 것이 빠르다. 지하 4층, 지하 5층, 지하 6층까지 가서야 겨우 한 자리 찾아 넣고 나니 아까 그 상황이 다시 떠오른다. 다시 내 자리를 도둑 맞았다는 생각이 떠오른다. 이때 텔레토비처럼 부드럽게 '이제 그만~!' 하고 말해 보자. 그렇다. 고생은 했지만 이제 주차도 했겠다, 지구가 멸망하는 것도 아닌데 그게 뭐라고 내내 반추한단 말인가. 좀 더 단호하게 '이제 그만!' 하고 말한다. 어쨌든 중요한 건 쓸데없이 화를 계속 나게 하는 생각을 '그만!' 한다는 것이다. 이제 그 상황에서 떠나자. '말이 쉽지 생각이 멈춰져요?' 반문하고 싶다면, 머릿속으로 방을 여러 개 그려 보자. 지금 있는 방은 불쾌한 방이다. 문을 쾅! 닫아 버리고 나와 즐거운 방으로 들어가라는 것이다.

반박하기

다음은 좀 더 적극적으로 부정적인 생각에 대해 반박을 할 차례다. 설득력 있는 반박을 위해 근거, 대안, 숨은 진실, 유용성 등을 자문하다 보면 처음의 부정적인 감정이 많이 누그러지는 것을 발견할 수 있다.

첫째, 그것이 사실이라는 근거가 있는가? [증거]

'내 자리라는 근거는 무엇인가?'

둘째, 다르게 볼 수 있는 여지는 없나? [대안]

　'그 사람은 나보다 훨씬 바빠서 나를 볼 여유가 없었을 수
도 있지.'

셋째, 내 생각이 맞을 수도 있다. 그렇더라도 파국은 막아야지.
[숨은 진실]

　'정말로 새치기한 것일 수 있다. ……하지만 ……그래서
뭐가 어떻다는 건가?'

넷째, 나의 생각이 파괴적이지는 않은가? [유용성]

　'주차장에서 새치기하면 절대 안 된다는 생각 때문에 긴장
해 봐야 나만 손해다.'

감사하기

감사하기는 긍정성 증진 훈련 방법 중 단연 최고의 효과를 지닌
것으로 입증되었다(김주환, 2011). 스스로를 한번 돌아보자. 나는
평소에 얼마나 감사하는가? 맥컬로McCullough와 에먼스Emmons는
'나는 감사해야 할 것이 아주 많다.' '오랜 시간이 흐른 뒤에야 비
로소 나는 사람이나 일에 고마움을 느낀다.' 와 같은 문항으로 구성
된 '감사지수검사'를 고안하고 자신의 감사하는 정도를 살펴보도
록 하였다.

현실이 팍팍하고 스트레스가 꽉 찬 상황에서는 감사할 것이 떠
오르지 않을 수도 있다. 그러나 열심히 찾아보려고 한다면 사실 감

사할 일은 너무나 많다. 게다가 내 스트레스가 해소될 수 있는, 나를 위한 노력이라면 왜 해 보지 않겠는가? 당장 이 방법을 실천해 보자.

• 감사 노트 쓰기

앞으로 2주일 동안 매일 밤 5분을 투자해 보자. 매일 밤 잠자리에 들기 전에 하루 동안 있었던 일을 돌아보면서 감사할 만한 일을 3~5가지 적어 보는 거다. 구체적으로 적어야 한다. 아주 사소한 것도 좋다. '오늘 아침에 눈을 뜬 것' '마음씨 좋은 친구' '좋은 부모님' '건강한 신체' '새파란 젊음' …… 머릿속으로 생각만 하는 것으로는 부족하다. 반드시 글로 적는다. 잠들기 전에 하면 잠자는 동안에 우리의 뇌가 감사한 일을 기억하게 된다. 뇌가 긍정적인 마음으로 하루의 일을 회상하도록 습관을 들인다. 2주가 지난 다음에는 감사지수검사를 다시 한 번 해 보자.

이 방법은 셀리그만 박사에 의해 검증되었고, 오프라 윈프리의 감사 노트 이야기로 대중에게 꽤 알려진 방법이다. 최근 『100감사로 행복해진 지미 이야기』라는 책에서는 매일 100가지의 감사 제목을 쓰는 것이 삶을 변화시킨 이야기가 소개되고 있다. 실제 자신의 경험을 소개한 것이니 한번 실천해 봄 직하다. 처음부터 100가지를 찾으려면 다소 어려울 수도 있겠지만, 조금씩 조금씩 개수를 늘려가면서 시도해 보도록 하자.

06
주위 사람들과 함께할 수 있는 잎: 사회적 차원

코칭을 할 때 만났던 한 부장님의 이야기가 생각난다. "작년까지는 실적을 올리면서 승승장구하던 일이, 고객사의 내부 문제 때문에 정말 말 그대로 확 고꾸라졌습니다. 당연히 저는 한직으로 밀려났지요. 며칠 동안 뜬눈으로 밤을 새웠습니다. 회사에 나가서도 일에 마음을 못 붙이고 멍청히 앉아 있었고요. '이제 회사를 그만둬야 하나. 애는 아직 초등학생밖에 안 되었는데. 지금 나가서 호떡장사를 하면, 애들 대학은 보낼 수 있을까?' 이런 생각이 머릿속에서 빙빙 돌더군요." "댁에서는 부장님이 이렇게 힘들어하는 걸 아시나요?"라는 질문에는 이렇게 답하였다. "모르죠. 그냥 회사 일이 힘든가보다 하는 정도쯤 되려나? 저는 원래 회사에서 무슨 일이 있는지 집사람한테 이야기 안 합니다. 지금도 박사님이니까 말하는 거지, 친구한테도 안 했던 얘기예요." 이 부장님은 가족을 위해 지금까지 열심히 달려 왔고, 그 과정에서 자신의 실수도 아닌 어쩔 수 없었던 상황 때문에 힘든 일을 겪고 있는데, 정작 가족의 지지나 조력을 못 받고 있다니 참으로 서글픈 일이라고 생각했었다.

반면에 이런 차장님도 계셨다. "코치님한테 이렇게 말하면 좀 팔푼이같이 보시려나요? 저한테는 제 아내가 카운슬러예요. 사람들 얘기 들어 보면 잘 안 그런다던데요." "팔푼이라뇨, 차장님. 무슨 말씀이세요. 정말 대단하세요. 세상 최고의 상담자를 곁에 두고 계시네요." (긁적긁적) 아이고, 좀 쑥스럽네요. 저희 부부는 동아리 동기로 만났거든요. 워낙 술자리에서 친해진 사이라서 그런가, 평소에 얘기를 많이 하는 편이에요. 애들 다 재우고, 둘이서 식탁 등만 켜 놓고 앉아서 맥주 한잔 홀짝이면서 진짜 별별 얘기를 다 해요. '오늘 본부장이라는 자식이 말이야. 와, 지가 잘났다고 뻐기면서 나를 갈구는 데 있잖아? 내가 정말 그 순간에 이 인간을 치고 개값을 물어? 이런 생각이 턱 끝까지 치밀었는데, 진짜 내가 당신 생각해서 참았다니까?' '대단하네~ 어떻게 참았어? 나 같으면 그런 재수 없는 인간 보고 정말 가만히 안 있었을 텐데.' '당신 남편이 좀 인간이 됐잖아.' 뭐 이런 식으로 말이에요. 제 아내는 제 얘기를 귀 기울여서 잘 들어 주고, 대부분의 경우 제 편을 들어 주거든요. 그러니까 얘기를 하다 보면 열 받는 것도 좀 가라앉고, 다음날 회사 가기 싫은 마음도 좀 줄어들고 그래요." 이러한 전담 상담자가 있는 차장님이 정말 부럽지 않은가? 이 차장님은 우리가 이제부터 이야기하려고 하는 '사회적 차원'의 관리를 매우 잘하고 있는 분이다.

나의 스트레스를 현명하고 효과적으로 관리하기 위해서는 '나 자신'에 대한 관리도 중요하지만, 그에 못지않게 중요한 것이 '내 주위 환경'을 관리하는 일이다. 우리는 어느 순간 하늘에서 뚝 떨어져서 혼자만의 세계에서 살고 있는 것이 아니다. 부모님과 형제 자매, 남편과 아내, 아들과 딸, 상사와 부하, 친구와 선후배와 함께 살고 있지 않는가. 사실 내게 스트레스를 주는 원인도 상당 부분 주위 사람이며, 스트레스를 푸는 데 도움을 받을 수 있는 창구도 주위 사람이다. 그렇다면 '이 세상은 혼자 와서 혼자 가는 거지!' 라고 외치면서 주먹을 불끈 쥐는 자세는 사실 비효율적일 수 있는 것이다. 앞서 자기관리를 하는 방법에 대해 고민해 보았다면, 이제 는 내 주위를 관리하는 사회적 차원의 관리 방법에 대해 생각해 보자.

인간은 사회적 환경 안에서 타인과 관계를 맺고 서로 도움을 주고받으면서 살아간다. 이는 인간이 타인과의 상호작용을 통해서만 충족될 수 있는 기본적인 사회적 욕구를 가지고 있기 때문이다. 이와 같이 인간이 사회적 욕구를 충족하고자 타인과 상호작용을 하는 가운데 그를 통해 얻게 되는 것이 사회적 지지라 할 때, 사회적 지지는 인간의 건강에 영향을 미치는 중요한 결정인자가 될 수 있다(이지연, 이광희, 2000). 사회적 지지란 한 개인을 중심으로 하여 그를 둘러싸고 있는 가족, 친척, 친구, 이웃, 전문가 등에게서 제공받는 정서적 도움(사랑, 돌봄, 이해, 격려, 긍정, 신뢰, 관심, 청취 등의 태도 및 행동을 포함), 정보적 도움(사건해결과 관계된 여러 가지 정보 제공 행위를 포함), 물질적 도움(금전, 시간, 음식, 생활용품의 제공), 그리고 평가적 도움(칭찬이나 인정, 존중 등 자신을 평가해 주는 태도 및 행위를 포함)을 모두 포함한다. 즉, 사회적 지지란 개인이 다양한 대인관계에서 받을 수 있는 모든 긍정적인 도움을 일컫는 것이다(박지원, 1985).

그런데 우리는 사회적 지지를 얻을 수 있는 자원이 있음에도 불구하고, 필요할 때 적절히 도움을 요청하지 않는 경우가 있다. 도움이 필요한데도 도움을 요청하지 않는 것은 오히려 도움을 받을 가능성을 떨어뜨리게 된다. 이와 같이 주위 사람에게 도움을 받을 가능성을 증진하는 요인과 그러한 결정을 감소시키는 요인은 접근요인과 회피요인이라고 부를 수 있다(신연희, 안현의, 2005). 접근요인은 심리적 불편함의 수준이나 그러한 고통을 경감시키고자 하는 개인의 욕구로서, 주위 도움을 받으려는 경향성을 증가시키는 요인을 말한다. 회피요인은 이와 반대로 도움을 받을 기회를 감소시켜서, 결국 주위에서의 도움을 회피하게 만드는 요인이다. 예를 들어, 고통스러운 사적 정보에 대한 자기 은폐의 욕구가 높을수록, 주위 도움에 대한 두려움이 높을수록, 도움 추구 행동을 피하게 된다.

도움 추구 행동에 대한 대다수의 연구는 심리적 불편함이라든가 이전에 도움 받은 경험, 성차와 같은 접근경향성을 중심으로 이루어졌으나, 이러한 접근요인이 도움 추구 행동을 설명하는 정도는 25% 미만으로 적은 편이다. 최근에는 회피요인(자기 은폐, 도움 받는 것에 대한 두려움 등)이 도움 추구 행동에 미치는 영향에 대한 연구가 이루어졌는데, 회피요인이 실제로 도움을 받으려는 결정을 하는 데 중요한 역할을 하고 있으며, 접근요인보다 더 많은 영향력(35~40%)이 있는 것으로 나타났다.

평소에 자기 자신은 주위에 도움을 요청하는 것에 대해 어떤 생각과 느낌이 있는지를 점검해 볼 필요가 있다. 실제로 도움을 받을 수 있는 자원이 있는데도 불구하고 심리적인 장애물 때문에 도움을 받지 못한다면, 너무나 안타깝지 않은가. 그리고 스스로의 사회적 자원에 대해 어떤 느낌이 있는지도 한번 생각해 보는 것이 좋다. 이는 사회적 지지망에 대한 조망social network orientation(Tolsdorf, 1976)이라는 개념으로 설명할 수 있다. 사회적 지지망에 대한 조망이란 실제로 개인이 받는 지지나 지지적인 관계와는 구별되는 개념으로, 개인이 삶의 문제에 대처하는 데 도움이 되는 사회적 지지자원의 잠재적 유용성에 대한 신념, 태도, 기대를 말한다. 여기에는 일반적으로 긍정적 조망과 부정적 조망, 두 가지가 존재한다. 사회적 지지망에 대해 긍정적 조망이 있는 사람은 지지자원이 신뢰롭고 유용하다고 믿기 때문에, 문제가 발생하면 지지자원에 도움을 요청할 것이라 말한다. 실제 연구 결과에서도 긍정적 조망이 있는 사람은 어떤 문제에 대해 혼자서 해결할 수 없었을 때 지지망에 있는 구성원에게 지지와 도움을 요청했다고 보고했다. 하지만 부정적 조망이 있는 사람은 문제가 발생했을 때, 지지망의 구성원에게 조언이나 지지를 구하지 않았고 앞으로도 그런 일이 발생할 경우 지지를 요청할 의도가 없다고 진술하였다.

이제 스트레스에 대한 사회적 차원의 관리방법을 나의 생활을 둘러싸고 있는 사회, 즉 직장, 가정, 친구와 선후배, 커뮤니티, 전문가로 나누어서 생각해 보자. 흔히 스트레스에 대한 사회적 관리는 '도움 추구' 행동으로만 생각하지만, 주변 사람이 어려울 때 돕는 자는 누군가? 우리는 도움을 추구하기도 하지만 필요할 때는 다른 사람을 도와주기도 한다. 실제로 현재 내가 완벽하게 이상적인 상태에 있고, 아무런 불편함이 없을 때에만 누군가를 도울 수 있는 것은 아니다. 도움을 필요로 하는 사람에게 손을 내밀어 나의 에너지를 나누어 줌으로써 나의 존재 이유와 가치를 다시 한 번 느끼고, 오히려 기를 충전받을 수 있다. 다음 표를 보면서 나의 생활 주위에서 내가 도움을 요청해야 할 사람은 누구인지, 내가 도움을 주어야 할 사람은 누구인지 정리해 보자.

〈사회적 차원의 관리 방법: 도움 추구 & 도움 주기〉

나의 사회적 차원	도움 추구		도움 주기	
	내가 도움을 요청할 사람	도움 요청 방법	내가 도움을 줄 사람	도움 주기 방법
직장				
가족				
친구와 선후배				
커뮤니티				
전문가				

직장에서 네트워크 강화하기

도움 추구

회사에서 같이 일하고 있는 상사나 동료, 부하 직원은 가장 가까이에서 가장 많은 시간을 같이 보내는 사람이지만, 아이러니하게도 내 스트레스를 절대 알지 말아야 할 사람에 속한다는 이야기를 많이 한다. "최근에 이러이러한 일이 있었어요, 박사님. 그것 때문에 너무 힘들고, 일도 잘 안 되는 상황이에요. 그런데요, 박사님. 이거 저희 팀장님한테 얘기 안 하실 거죠? 다른 사람은 다 알아도 되지만, 저희 팀장님만은 몰랐으면 좋겠어요. 저를 완전 바보 취급하시거든요. 팀장님이야 솔직히 회사에서도 일 잘하기로 유명하신 분고요. 제가 한 달 동안 잡고 끙끙댈 만한 분석 보고서도 팀장님이 슬쩍 한 번 보시면 하루 이틀 안에 끝낼 정도라니까요."

이런~ 다른 사람은 다 몰라도 되지만, 정작 가장 먼저 꼭 알아야 할 팀장이 모르고 있다니……. 나중에 이 분의 팀장을 만나 보면 반드시 이런 이야기를 한다. "박사님. 이번에 정말 골 때리는 일이 있었는데요. 내가 정말 이 자식한테 이렇게 뒤통수를 맞을 줄은 꿈에도 몰랐다니까요, 내 참. 이번에 모처럼 일을 하나 맡겼었어요. 좀 버겁긴 했겠지만, 나름대로 우는 소리도 안 하고 열심히 하고 있는 것 같아서 속으로 좀 기특하게 생각하고 있었는데 말이에요. 마감 기한이 슬슬 다가오는 것 같아서 물어봤죠. 이때까지 한 것 좀 보여 달라구요. 아, 그랬더니 이놈의 자식이 울상이 되는 거예요. 뭐가 한참 잘못됐더라고요. 도! 대! 체! 왜~~~ 뭔가 잘못되기 시작했을 때 얘기를 안 하냐고요. 그때 귀띔만 해 줬었더라도 내가 손을 쓸 수 있었다니까요. 정말, 이해가 안 돼요! 내가 이 인간 때문에 상무님한테 깨진 걸 생각하면 정말!!!! 으아아아아아아아!!!"

팀장님이 너무 열을 내시기에 슬쩍 부하 직원 편을 들어 줘 보았다. "그게요, 팀장님. 다른 조직에서 보면 부하 직원이 뭔가 일이 생겼을 때 너무 빨리 이야기를 하면, 팀장님이 자기를 바보 취급할까 봐 걱정하더라고요. 그래서 나름대로 일을 해결해 보려고 애를 쓴다고 하던데……." "에엥? 그래요? 나, 참. 무슨 그런 쓸데없는 걱정을 하지? 뭐, 물론 잔소리야 좀 하겠죠. 그렇다고 죽이겠냐고요. '정신 안 차려?' 뭐 이 정도 한마디 하려나? 솔직히 그 시기에 실수 안 하기 어렵거든요. 그걸 누가 모르나? 그러니까 빨리빨리 자수만 하면 얼마나 좋겠어요."

물론 상사 입장에서도 부하 직원에게 업무를 지시한 후, 과정 관리process management를 제대로 하지 않았다면 책임을 물을 만하다.

그래서 다음 내용에서는 부하 직원의 스트레스 관리를 위한 '상사의 도움 주기'에 대해 논의한다. 하지만 사실 일반적으로 상사가 한 명의 부하 직원에게 시킨 하나의 일만을 지켜본다는 것은 거의 불가능하다. 따라서 부하 직원이 먼저 이야기를 하지 않는 이상, 무엇이 잘못되고 있는지를 담당 실무자보다 더 빨리 알아채기란 쉬운 일이 아니다.

많은 부하 직원이 '직장에서 가장 나를 욱하게 만드는 사람'은 '직속 상사'(77.7%)라고 생각하고 있다(프런티어타임스, 2010. 7. 12.). 그리고 '상사가 꼬투리를 잡으며 잔소리할 때'(51.1%)가 가장 울컥한다고 말하곤 한다. 그렇다면 상사와의 관계에서 생기는 스트레스를 줄이기 위해서는 어떻게 해야 할까? 브루스 툴간Bruce Tulgan은 부하 직원이 건강한 조직 생활을 하기 위해서는 상사 관리를 해야 한다고 주장했다(Tulgan, 2011). 상사 관리를 통해 우리가 얻어내야 할 것이 무엇인지 한번 알아보도록 하자.

첫째, 명료하고 합리적인 기대 사항의 설명, 구체적인 가이드라인과 명확한 기한을 포함한다. 일을 하는데 상사와 부하 직원 간에 일어나는 갈등의 내용을 보면, 꽤 많은 부분이 서로에 대한 기대의 차이에서 출발하는 것을 알 수 있다. 대부분의 경우, 업무를 지시하고 가이드라인을 제시하는 것은 상사의 역할이다. 그리고 그 지시를 충분히 숙지하고, 어떤 결과물을 만들어낼지에 대해 세부적인 계획을 세우는 것은 부하 직원의 역할이라고 할 수 있다. 말은 매우 쉽게 할 수 있다. 지시와 수용. 하지만 똑같은 지시를 하더라도, 상대방의 이해도와 수용도를 높이기 위해 의도적인 노력을 하는 지시와, 그렇지 않은 지시가 있기 마련이다. 또한 업무 지시를 수용하는 데서도 스스로의 머리를 전혀 쓰지 않고, 수동적이고 소극적으로 최소한의 귀만 열어 놓는 수용과, 적극적으로 대화 과정에 참여하여 잘 이해가 되지 않거나 정보가 부족하다고 생각하는 경우, 능동적으로 추가 설명을 요청하는 수용은 하늘과 땅만큼 다르다.

리더십 워크숍에서 만나게 되는 많은 상사는 업무 지시를 건성으로 듣고는 자신의 기대와 전혀 다른 결과를 가져오는 부하 직원에 대해 불만을 토로한다. 팔로워십 워크숍에서 만나는 많은 부하 직원은 본인이 해야 할 일에 대해 명확히 설명해 주지도 않고, 일거리만 툭 던지면서 '그것까지 내가 가르쳐 줘야 하나? 알아서 좀 해 봐! 머리를 좀 써!' 라고 말을 하는 상사에 대한 고충을 호소한다. 자, CEO가 아닌 이상, 우리는 누군가의 상사이고, 누군가의 부하 직원이다. 상사의 입장에서는, '명료하고 합리적인 기대 사항의 설명' 에 대해 공부하자. 그리고 부하의 입장에서는 '질문' 에 대해 공부해 볼 것을 권한다.

업무 지시를 받았을 때, 잘 몰라도 다시 물어보지 않는 이유에 대해 부하 직원을 인터뷰해보면, "부장님이 너무 바빠 보여서 더 여쭤볼 수가 없었어요." "상무님께 여쭤보면, 이때까지 내 말 안 듣고 뭐했냐고 타박하실 것 같아, 나중에 옆자리에 계신 김 과장님께 물어봐야지 하고 생각했어요." 등의 이야기가 많이 나온다. 당연히 그 상황에서 입을 열어 질문하기가 쉽지 않은 분위기였을 거라는 것은 십분 이해한다. 하지만 질문을 할 수 있는 가장 이상적인 시기는 업무 지시를 받았을 때다. 잘못된 방향으로 일을 진행하지 않으려면, 초반에 요구 사항을 정확하게 파악하는 것이 필요하니 말이다. 명확하게 어떤 결과를, 어떤 방법에 의해 하기를 바라는 것인지에 대해 상사에게 질문하는 습관을 기르자. 이때 중요한 것은 내가 이 일을 하기 싫어서 괜히 트집 잡거나 시비 거는 것이 아니라는 것을 명확히 해 주는 것이다. 질문을 할 때에는, 평소 자신의 질문 스타일이나 태도에 대해 점검해 보고, 동료에게 피드백을 받아본다면, 상사와의 관계에서 생기는 스트레스를 관리할 수 있을 거라 생각한다.

둘째, 성과에 대한 정확하고 솔직한 피드백과, 필요한 경우 방향 전환에 대한 조언이 필요하다. 상사는 부하 직원을 육성해 줄 책임이 있는 사람이다. 뒤집어 이야기해 본다면, 부하 직원은 상사에게 자신을 육성해 주도록 자극을 제공하고 요청을 할 책임이 있는 사람이다. 내가 하고 있는 일이나 완료된 일, 그리고 앞으로 나아가야 할 방향에 대해 상사에게 조력을 요청하자. '목마른 사람이 우물 판다.' '우는 아이에게 떡 하나 더 준다.'는 훌륭한 속담이 있지 않은가. 그다지 위대하거나 실력이 출중하거나 꼭 닮고 싶다고 생각되지 않는 상사라도, 그분에게 나의 성장을 위한 조언과 피드백을 얻는 것은 가능한 일이다. 관리자라는 자리에서 우리보다 더 많은 조직 경험이 있는 사람으로서, 우리가 보지 못하는 것을 볼 수 있는 능력은 분명히 존재한다. 일부의 모습을 보고 상사가 존경할 만하지 않다고 판단해 버리고, 자기계발이나 성장에 대한 조력을 얻는 일을 쉽게 포기하고 좌절해 버리는 것은 지나치게 성급한 일이라고 말하고 싶다.

　내가 잘한 일에 대해서는 긍정적 피드백을, 내가 잘못한 일에 대해서는 부정적 피드백을 요청하자. 이때 우리가 생각해 봐야 할 것은, '나는 부정적인 피드백을 받을 때, 어떤 생각과 마음을 가지는가.'에 대한 문제다. 상사가 부하 직원에 대해 느끼는 아쉬움 중에, '부정적 피드백을 견디지 못하고, 지나치게 상처를 많이 받는다.'는 것이 있다. 상사가 의도적으로 나에게 개인적인 공격을 하려는 것이 아닌 한, 부정적 피드백에서 내가 얻을 수 있는 것이 무엇인지를 적극적으로 찾아보려는 노력이 필요하다. 때로는 아프고 쓰라릴 수도 있지만, 그러한 자기성찰을 통해 나는 한발씩 더 성장할 수 있게 될 것이다.

도움 주기

부하 코칭Coaching A Follower

　'리더십'이라는 상사의 역량에 변화가 일어나고 있다(Riggio, 2008). 과거에는 리더 개인에게 초점을 맞추어 리더십을 보았기 때문에 리더의 개발Leader Development이 대세였다. 그래서 리더가 스킬을 익히고, 자기자각 능력을 기르고, 누군가를 이끌어 나가고자 하는 동기 수준을 높여서 리더로의 역량을 기르는 것에 관심을 가졌었다. 그런데 이제는 전체 조직의 집단적인 리더십 역량에 초점을 맞추는 리더십 개발Leadership Development이 더 요구되고 있다. 리더와 팔로워Follower, 즉 상사와 부하 직원이 어떻게 하면 함께 힘을 모아서 조직의 리더십 역량을 공유하여 증진시킬 것인가에 관심을 가질 필요성이 대두된 것이다. 이러한 상황 변화속에서, 리더에게는 부하 직원의 성과를 평가하는 역할Police/Judge에, 추가적으로 성과 향상을 촉진하는 코치Coach의 역할이 요구되고 있다.

특히 근래에는 업무에서의 코칭뿐 아니라, 부하 직원의 스트레스 관리에 대한 책임도 리더에게 주어지고 있다. 스트레스 관리 강의를 할 때 이런 이야기를 하면, 관리자는 심하게(!) 반발한다. 아니, 왜 내가 애들 스트레스까지 책임을 져야 하느냐고. 일이나 똑바로 하게 하면 되는 거 아니냐고.

조직과 리더가 구성원의 스트레스에 관심을 가져야 하는 이유는, 조직에서 일하는 사람들이 정서적·신체적으로 건강해야만 일에 몰두해서 생산성을 높일 수 있고, 결과적으로 회사에 이익을 가져다 주기 때문이다. 구성원의 스트레스 때문에 발생하는 비용을 계산해 보면 쉽게 이해할 수 있을 것이다. 다양한 나라의 통계자료를 한번 살펴보도록 하자. 미국의 경우에는 근로자의 40%가 업무 때문에 극도로 심한 스트레스를 받고 있었으며, 스트레스가 높은 수준이라고 보고한 근로자에게서 의료비가 거의 50% 더 지출되고 있었다. 영국 근로자의 20%는 자신의 업무가 매우 스트레스가 많은 일이라고 생각하고 있었고, 스트레스 관련 건강장애에 의해 손실된 작업일은 연간 4천만 일로 추산되었다. 거기다가 손실된 일년간의 생산 비용, 질병 수당, 의료비를 합하면 110억 파운드가 넘는다. 유럽에서 업무 관련성 스트레스로 지출하는 EU 회원국의 비용은 최소로 잡아도 매년 200억 유로가 된다고 한다. 한국의 스트레스 수치 또한 매우 높다. 총 254개 사업체의 근로자 6,977명을 대상으로 조사한 결과, 건강군은 5%밖에 없었으며 고위험 스트레스군이 22%, 잠재적 스트레스군이 73%인 것으로 나타났다(강동묵, 2005).

또 요새 일-가족 양립에 따른 갈등이 이슈가 되고 있기 때문에, 다양한 가족 친화적 제도(탄력근무제도, 재택근무제도, 육아휴직제도)가 시도되고 있다. 아쉬운 것은 다양한 연구 결과를 보았을 때, 이와 같은 제도가 근로자의 일-가족 양립 수준에 뚜렷하게 정적인 효과를 보이지 않는다는 사실이다. 오히려 직장 내 상사나 동료의 정서적 지원, 조직 풍토 등을 통한 비공식적 지원이 일-가족 양립 갈등을 감소시키는 효과가 뚜렷하다고 한다. 그중에서도 조직 관리자나 상사의 일-가족 양립 지원에 대한 태도는 동료에게서의 지원보다 중요한 영향력을 행사하는 것으로 나타났다(송다영, 장수정, 김은지, 2010).

리더가 부하 직원의 스트레스 관리를 위해 할 수 있는 가장 중요한 일은 '예방 작업'이다(Donaldson-Feilder, Yarker, & Lewis, 2011). 예방 작업을 할 때 가장 먼저 해야 할 일은, 구성원에게 어떤 스트레스원이 있고 어떤 스트레스 증상이 존재하는지를 알아보는 것이다. 지각이나 결근을 많이 하는 구성원이 있는지, 회사를 그만두고 싶어 하는 직원이 있는지, 업무 성과가 좋지 않은 직원이 있는지를 살펴본다. 이때 가장 필요한 것은 부하에 대한 관심과 호기심을 높이는 일이다. "박사님이 말씀하신 대로 직원한테 '요새 뭐 힘든 거 있냐. 스트레스 받는 거 있냐.'고 물어봤는데, 하나같이 별일 없다던데요?"라고 말씀하시는 팀장님이 있다. 흠, 그렇게 물어봐서 이야기할 부하 직원이 어디 있겠나. 자신의 마음속에 있는 이야기를 해도 된다는 안전감이 기본적으로 깔려 있고 리더에 대한 신뢰감이 보장되지 않는 한, 부하 직원이 입을 열지 않는 것은 당연한 사실이다. 따라서 동료가 함께 자리하고 있는 회식 자리나 전체 회의 자리에서 묻기보다는 일대일 면담을 하는 것이 효과적일 것이다. 어떻게 하면 부하 직원에게 신뢰감과 안전감을 심어 주는 면담을 할 수 있을지에 대해 고민해 볼 필요가 있다. 면담 딱 한 번 하고 부하 직원을 다 알았다는 생각은 금물이다. 평소에 좋은 관계를 쌓는 데에 신경을 많이 쓴다면, 면담을 요청했을 때 부하 직원은 마음을 쉽게 열 것이다.

부하 직원에게 스트레스를 주는 원인이 파악되면, 어떤 식으로 도와줄 것인지를 생각해 보아야 한다. 이때는 리더 혼자 할 수 있는 일, HR팀과 같은 타 부서의 조력이 필요한 일, 외부 전문가의 도움이 필요한 일로 나눠 봐야 한다. 가끔씩 부하 직원이 스트레스를 너무 많이 받고 있는데, 상사로서 해 줄 수 있는 일이 없다고 힘들어하는 관리자를 만나게 된다. 스트레스를 관리하는 데 상사가 해 줄 수 있는 일의 범위는 분명히 존재한다. 팀 내에서의 업무를 조정해 주거나 희망하는 부서로 옮길 수 있도록 지원해 주거나 동료 간의 갈등을 중재해 주는 일이다. 그 이상을 해 주지 못한다고 스스로를 자책하지는 말자. 자책한다고 해서 리더 자신이나 힘들어하는 부하 직원에게도 아무런 도움이 되지 않는다.

HR팀에서는 전문가를 초빙해서 전체 구성원의 스트레스 요인과 증상, 대처자원의 보유 정도를 진단해 보고, 스트레스를 관리할 수 있는 방법에 대해 강의를 듣거나 외부 전문가의 개인상담 및 코칭을 받을 수 있는 시스템을 마련해 줄 수 있다. 현장에서 이루어진 연구 결과를 보아도 이와 같은 개입 프로그램이 효과가 있다고 입증되었다. 조직 내에서 정서중심형 스트레스 관리 개입 프로그램을 실시하자, 직원의 정신건강이 좋아지고 우울성향은 낮아지며 혁신성향이 높아지는 효과를 보았다(Bond & Bunce, 2000). 또한 심리적 수용 프로그램을 조직구성원에게 실시한 경우 직무 탈진의 저하 및 직무 만족의 증대에 의미 있는 효과가 나타났다는 연구 결과가 제시되었다(김인구, 2008).

일반적으로 조직에서 많이 진행하는 스트레스 관리 프로그램을 보면(Giga, Cooper, & Faragher, 2003), ① 인지-행동 치료(32%), ② 이완 훈련(30%), ③ 동료-지지 집단 & 자기 주도성 훈련(22%), ④ 업무 재설계, ⑤ 일반적 교육, ⑥ 커뮤니케이션 훈련 순으로 나타난다. 1~2위로 나온 인지-행동 치료와 이완 훈련이 전체의 1/3을

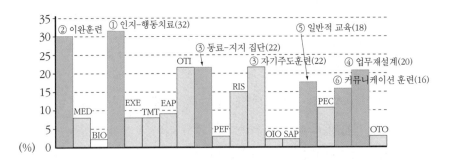

조직의 스트레스 관리 프로그램 현황

차지할 정도로 많이 진행되고 있다. 이 자료는 직장에서의 스트레스가 아직도 개인 수준에서 관리해야 할 이슈로 여겨지고 있다는 것을 보여 주며, 상황을 통제하지 못하는 것이 개인의 무능력이나 취약함으로 간주되고 있음을 나타낸다. 따라서 리더와 조직이 앞에서 이야기했던 것같이 부하 직원의 스트레스에 관심을 보여 주고 시스템을 도입하여 개입한다면, 개인이 홀로 노력하고 애쓰는 것보다는 더욱 효율적이고 성공적인 결과를 얻을 수 있을 것이다.

예방 작업의 마지막 단계는 가장 중요하지만, 대부분 간과되는 일, 즉 '모니터링'이다. 처음에 파악했던 스트레스 원인과 증상이 어떻게 변화해 가는지에 대해 면밀하게 관찰할 필요가 있다. 그렇다고 근무시간 내내 해당 직원을 노려보고 있을 것까지는 없다. 해당 직원에 대해 하루 3분만 생각해 보고 하루 3분만 대화해 본다면 (이토 마모루, 2008), 부하 직원의 상황 변화에 대해 지속적으로 관찰할 수 있을 것이다.

동료 코칭Coaching A Peer

지금까지는 청소년의 자살 원인이라고만 알려졌던 '집단 따돌림' 문제가, 사실은 회사 내에서도 만연하다는 사실은 놀라움으로 다가온다. 직장인 2,975명을 대상으로 한 설문조사에서 전체의 45%가 '직장 내에 왕따가 있다.'는 응답을 하였다(이투데이, 2012. 1. 4.). 특히 따돌림을 목격한 직장인 중 절반 이상인 61.3%는 '문제가 매우 심각한 수준'이라고 답했다. 하지만 따돌림을 당하는 사원을 봤을 때 대처 방법으로는 75.9%가 '방관한다.'고 답했다. 적극적으로 말리지 않는 이유는 '내가 말린다고 달라질 것 같지 않아서' (52.8%), '어떻게 말려야 할지 몰라서' (17.9%) 등이 있었다.

직장 내 집단 따돌림의 영향은 피해당사자인 직원 개인과 소속된 조직뿐만 아니라 사회 전체적으로 부정적인 결과를 야기한다. 먼저 피해 당사자인 구성원 개인에게는 직장에 대한 소속감 결여, 직무 만족 감소, 자신감 상실, 신경쇠약 및 우울증 등과 같은 스트레스성 장애를 유발하고, 조직 측면에서는 구성원의 근로의욕 상실과 병가 등에 따른 생산성 감소, 이직하여 생긴 비용 등이 발생하며, 사회 전체적으로는 근로자의 의료보험 비용 지출 등으로 사회 전체적인 지출 비용이 증가하게 된다(Leymann, & Gustafsson, 1996).

청소년의 따돌림 문제와 마찬가지로, 직장인의 왕따 문제에서도 가장 핵심적인 역할을 할 수 있는 사람은 상사나 HR팀이 아니라 '동료' 다. 바람직하지 않은 행동이 조직 내에서 뿌리내리지 않도록 하려면, 바로 옆에 있는 개개인이 도움을 필요로 하는 사람에게 손을 내밀어 주고 '이 사람이 결코 혼자가 아니다.' 라는 인식을 가해자에게 심어 줄 필요가 있다. 관련 연구를 보아도, 조직의 분위기가 좋지 않을 경우 직장 내 집단 따돌림 현상이 늘어난다는 결과가 있다(박경규, 최항석, 2007).

업무에서도 동료 코칭을 하면, 서로 도와주며 지원하는 관계를 개발할 수 있다(Duke Corporate Education, 2009). 코치의 역할도 해 보고, 피코치의 역할도 해 보는 과정을 통해, 새로운 것을 시도하면서 성장할 수 있다. 사실 동료는 조직 내에서 비슷한 압력을 받고 있고, 유사한 도전 과제 때문에 고민하고 있으며, 공통적인 대인관계의 갈등을 경험하고 있기 때문에 서로를 잘 이해하고 공감할 수 있다는 큰 장점이 있다. 상사가 부하 코칭을 할 때 정기적으로 일대일 면담을 하는 것과 마찬가지로, 동료 코칭을 할 때에도 정기적인 만남이 필요하다. 동료가 자신의 문제에 대해 깊이 있게 이해해 준다는 것을 느낄 수 있고, 서로를 위해 머리와 마음을 나눈다는 것을 알 수 있는 장을 마련해 보자. 그렇게 되면 동료에게 약점을 노출한다 해도 큰 위협을 느끼지 않게 될 것이다.

가족과 따뜻하게 손 잡기

도움 추구

2011년 대한신경정신의학회의 '행복과 스트레스 인식' 조사 결과(보건복지부, 2011)에 따르면, 스트레스를 해소할 때 혼자 있는다는 응답이 48.3%로 절반에 가까웠으며, 그 다음에는 친구 > 선후배 > 가족과 대화를 한다는 답이 나왔다. 정말 안타깝게도 스트레스를 받을 때 가장 멀리하는 사람이 '가족'이라는 것을 보여 주는 자료다.

많은 연구에서는 어려움을 겪을 경우 '가족의 지원'이 있으면, 훨씬 더 빠른 회복력을 보인다는 결과를 찾아볼 수 있다. 가족의 지지는 언어적 · 비언어적 정보나 충고, 가시적인 유형의 도움이나 행동, 서비스 등을 제공하는 체계를 말하며, 가치 있는 활동이나 사회적 역할을 성취할 수 있도록 도와주는 것을 말한다(Desrosiers, Bourbonnais, Noreau, Rochette, Brabo, & Bourget, 2005). 연구 결과에 따르면, 강력한 가족 관계망을 형성한 가족은 구성원 중 한 명이 실업이라는 시련을 경험해도 스트레스를 많이 받지 않으며, 가족의 지지는 실업자의 심리적 건강에 긍정적인 영향을 미친다고 한다(김성희, 이숙현, 조윤주, 2011). 암 환자의 경우에도, 가족의 지지가 높을수록 삶의 질 정도가 증가하고 무력감 정도가 낮아진다는 연구 결과가 있다(노인선, 김계하, 2011). 많은 스트레스를 감당해야 할 상황에서도 가족의 지지가 높은 상태라면 스트레스가 완화될 수 있으며(최인, 김영숙, 서경현, 2009), 가족의 지지는 개인이 혼자 대처하기 힘든 스트레스 사건이 닥쳤을 때 자살 충동에 이르지 않고 이를 극복하는 보호요인으로 검증되었다(이윤주, 2009).

솔직히 가족에게 도움까지는 아니더라도 정서적 지지와 지원을 요청하고 싶을 때가 많지만, 이야기하다 보면 싸움이 되기 때문에 '아, 씨. 내가 정말 말을 말아야지.' 하는 사람을 가끔 만난다. "그런 일이 있었다니 정말 힘들었겠구나." "이런 걸 기대했는데, 생각지도 못한 반응이 나와서 정말 당황했겠구나."라는 공감 반응을 기대하지만, 나오는 반응은 싸늘하니 말이다. "야, 그럴 줄 몰랐냐? 너는 애가 왜 그렇게 순진하냐." "당신이 무슨 돈키호테야? 다른 사람은 가만있는데, 왜 나서서 난리야. 입 닫고 그냥 좀 가만히 있어. 그 회사 나오면 다시 취직될 것 같아?" "이렇게 이렇게 이렇게 하면 되겠구먼. 왜 그렇게 혼자 끙끙대, 바보같이. 머리를 좀 쓰라니까?" 이런 말을 듣고 있자면, 무안하기도 하고 내 마음을 몰라줘서 서운하기도 하고 화가 나기도 한다. '어떻게 하는 게 좋은지 알지만, 그렇게밖에 할 수 없었던 나를 좀 알아 달라고!' 이렇게 외치고 싶을 때가 많다.

가족은 서로에 대해 너무나 가깝기 때문에 상대방이 약간만 이야기를 해도, '아~ 저 사람이 뭘 이야기하려 하는구나.' 라는 것을 미루어 짐작하고 먼저 자신의 생각을 말하는 경우가 많다. 그리고 현재 상대방이 겪고 있는 고통이 너무나 크고 아프게 느껴지기 때문에 그 어려움을 하루라도 빨리 끝나게 해 주고 싶은 마음에, '이렇게 이렇게 해라.' 라는 섣부른 해법을 던지기 일쑤다.

그러니 가족에게 도움을 요청할 때에는 좀 더 명확하게 소통을 하자. "내가 형한테 어떤 이야기를 할 텐데, 잠시 그냥 들어 줬으면 좋겠어요. 지금은 누군가에게 이야기를 좀 털어놓고 싶어요." "내기 지금 고민하고 있는 일이 있는데, 해결책을 찾기보다는 지금 불안한 마음을 좀 다스리고 싶어. 그러니까 당신(아내/남편)은 이야기를 들으면서, 어떻게 어떻게 해라라는 말은 하지 않았으면 해. 가능할까? 부탁할게."라고 말이다. 가족과 대화가 어렵다고 하는 분의 경우를 보면, 방금 예를 들었듯이 상대방이 무엇을 원하는지 무엇을 생각하고 느끼는지를 알기보다는, 문제를 해결해 주려는 식의 접근을 할 때가 많기 때문에 대화가 잘 이루어지지 않는다.

가족의 지지가 필요하다고 생각된다면 효과적으로 받을 수 있는 방법을 생각해 보자. 배고픈 사람이 우물을 파는 거다. 그리고 가족 구성원끼리 어떻게 이야기하는 것이 바람직할까 하고 생각하는 분위기를 조성하는 것을 점점 더 힘들이지 않아도, 내가 원하는 지지를 받게 될 것이다.

도움 주기

알코올 중독자를 대상으로 한 연구에서는 다양한 사회적 지지의 제공 유형 중 가족의 지지가 삶의 만족도에 가장 많은 영향력을 미치는 것으로 나타났다(이봉재, 2006). 중·노년의 경우에도 가족 지지와 사회적 지지가 높을수록 사회활동 참여가 높고 삶의 만족도가 높은 것으로 나타났다(이경숙, 2011). 또한 남성 노인의 심리적 안녕에 가족관계가 미치는 영향을 살펴보면 손자·손녀와의 가치 결속, 자녀와의 애정 결속, 자녀에게 지원 제공, 배우자와의 친밀감이 심리적 안녕에 의미 있는 영향을 미치는 것으로 나타났으며, 특히 자녀와의 관계가 많은 영향을 미치는 것으로 확인되었다(정여진, 안정신, 2010). 배우자 지지와 결혼 만족에 대한 관계를 보았을 때에도 상대 배우자에게서 지지를 많이 받고 있다고 지각할수록, 자신의 결혼 만족도뿐만 아니라 상대방의 결혼 만족도 또한 증가하는 것으로 나타났다(김시연, 서영석, 2010). 그리고 부모가 자녀에게 지지적이고 애정적일수록 청소년이 또래에게 지지적인 행동을 보이며 또래관계에 긍정적인 영향을 미친다는 연구도 있다(조주연, 도현심, 2011). 즉, 가족 구성원이 스트레스를 받고 있을 때, 가장 가까운 곳에 있는 가족의 조력은 상당히 긍정적인 영향을 미칠 수 있다.

그런데 우리 집은 어떤가. 나의 부모, 배우자, 자녀와의 관계에서 어떤 도움을 주고받고 있는가? MBC 시트콤 〈하이킥! 짧은 다리의 역습〉을 보면, 22년 동안 같이 산 부부가 서로에 대해 관심이 없다고 타박을 하다가 결국 상대방에 대해 얼마나 잘 알고 있는지 맞추는 퀴즈를 한다. 아내는 남편의 짝짝이 콧구멍 두 개 중 왼쪽이 더 크다는 것을 자신 있게 맞추지만, 남편은 '아내의 눈동자에 ○○이 있다.'라는 질문을 받자, '독기? 살기?'라는 대답을 한다. 그러면서 아내의 눈동자를 들여다보더니 "어? 신기하네. 눈동자에 점이 있네. 근데, 당신 속눈썹이 언제부터 이렇게 길었지?"라고 새로운 발견을 하는 모습을 보인다. 가족 구성원에 대해 지지를 해주려면, 우선 그 사람에 대해 알고 싶다는 관심을 보여야 한다. 우리 가족은 요새 어떤 생각을 하고 감정 상태는 어떤지, 어떤 것을 하고 싶어 하는지, 어떤 것에 대해 고민하고 있는지에 대해 말이다.

하지만 무엇인가를 물어본다고 해서 무조건 좋은 것은 아니다. 듣는 사람에게는 질문하는 사람의 의도가 생각보다 명확하게 느껴진다. 정말 자신의 이야기를 듣고 싶어서 물어보는지, 그냥 얼굴을 봤는데 할 얘기가 없어서 형식적으로 머릿속에 떠오르는 대로 아무 질문이나 하는지 말이다. MBC 〈라디오 스타〉에서 윤종신 씨가 이런 말을 했다. 아이에게 매일매일 "오늘 유치원에서 뭘 했니?"라는(형식적으로 느껴지는, 습관적으로 하는) 질문을 해댔더니 어느 날 아이가 이렇게 대답하더라고. "(한심한 듯 쳐다보며) 뭘 했겠어~" KBS 〈승승장구〉에서는 김제동 씨가 나와서 유치원 아동과의 일화를 들려주었다. "넌 몇 살이냐?" "아, 이제 좀 그만 물어봅시다~" (어른만 만나면 만날 물어보는 것이 이름과 나이뿐이라고, 지겹다고).

평소에는 생전 관심도 안 보이다가 모처럼 마음먹고 "요새 어떻게 지내냐?"고 물어봤는데, 상대방이 '(감히!!!) 언제부터 나한테 관심 있었냐.'는 불량한 태도를 보인다고 열받지 말자. 너무나 당연한 반응이 아닌가. 그동안 관심이 없었다는 것은 사실이기도 하고 말이다. 연애 시절을 생각해 보라. 관심이 가는 대상에게 한두 번 말을 걸었다고 상대가 "당신이 말을 걸어 주기만을 기다렸어요!"라고 눈동자를 반짝이며 반색할 가능성은 매우 낮은은 않은가. 인내심을 가지고 꾸준히 접근하는 수밖에 없다. 그러다 보면 가족의 속마음을 들을 수 있게 되고, 그 다음으로는 내가 도움을 줄 수 있는 기회를 잡을 수 있게 될 것이다.

가족치료전문가인 새티어Satir(이경순, 최외선, 2004)는 부부 및 가족 치료에서 커뮤니케이션을 가장 중요한 도구로 삼았다. 그가 제시한 커뮤니케이션 유형 다섯 가지를 살펴보며 나의 의사소통과 어떤 것이 비슷한지 점검해 보면, 가족구성원에게 효과적인 조력을 하는 데 도움이 될 것이다.

첫째, 굴종형placating. 항상 상대방의 비위 맞추기에 급급한 유형이다. 상대방의 마음에 들려고 하고, 잘못한 일이 없어도 무조건 변명하고, 어떤 문제든지 이의를 제기할 줄 모르고, 상대방이 어떤 말을 하든지 무조건 동의하려고 한다. 항상 상대방의 눈치를 보며 자기주장을 펴지 못하고, 화가 나도 표현하지 못하고 무조건 참으며, 자기 자신을 희생한다. 굴종형은 가족 중에 힘들어 보이는 사람이 있다면, 무조건 그 사람의 편을 들어 주며 기분을 맞춰 줄 것이다. 하지만 '무조건 네가 맞고, 남들은 다 틀렸어.'라는 반응은 상대방을 정확하게 이해해 주는 것이 아니기 때문에, 오히려 스트레스를 받고 있는 그의 기분을 상하게 할 수 있다. 현재 이 사람에게 어떻게 해 주는 것이 가장 도움을 줄 수 있는 방법일까를 생각해 볼 필요가 있다.

둘째, 비난형blaming. 상대방에게서 흠을 잘 발견하고, 보스나 독재자로 군림하려고 한다. "네가 하는 일 중에 제대로 하는 것이 뭐가 있어?"라는 메시지를 깔고, 어떤 일이든 어떤 사람이든 낮추어 보고 깎아 내리려고 한다. 비난형은 대화를 할 때 상대방과 상황을 무시하고 자기 자신만 내세운다. "다시는 이런 짓을 하지 마라." "네가 하는 일이 항상 그렇지."라고 말이다. 부모나 형제 중 연장자가 많이 보이는 행동이다. 부부 사이에서도 흔히 볼 수 있다. 주말에 마트를 가 보면, 어느 한쪽 배우자가 상대방을 향해 삿대질을 하며 혀를 끌끌 차는 모습을 쉽게 볼 수 있다. 문제는 이렇게 비난형 대화를 시작하게 되면, 상대방 마음은 완전히 닫힌다는 거다. 사람은 누구나 상대에게 인정받고 싶어 한다. 가족에게는 더욱더 낭연하다. 따라서 비난할 일이 있더라도 우선 상대방이 왜 이렇게 할 수밖에 없었는지 나름대로의 이유를 이야기할 수 있는 시간을 충분히 주자. 그러다 보면 이야기를 하던 사람 스스로 '이건 정말 바보 같은 짓이었다.'라고 스스로 반성하는 모습을 보일 것이다.

셋째, 초이성형super-reasonable. '자기 자신'과 '타인'과 '상황'이라는 커뮤니케이션의 세 가지 구성요인 중, 자신과 타인을 배제시키고 오직 상황만 중시하기 때문에 객관성 수준이 높다. 남에게 관심을 나타내더라도 정서적인 공감보다는 오직 이성적 개입만 한다. 따라서 따뜻한 인정이나 재미가 없고 지나치게 합리적이며 융통성과 사교성이 결여되어 있다. 하지만 옳은 말이라고 해서 항상 좋은 효과를 낳는 것은 아니다. 그보다는 때와 장소에 적절한 말이 더 필요한 법이다. 저 사람에게 어떤 말이 나올지 뻔하다는 생각이 들게 하지 말자.

넷째, 부적절형irrelevant. 부적절형이 나타내는 말이나 행동은 상대방에게서 오는 자극과 관련성이 없다. 상대방의 말이나 현재 진행되고 있는 대화 과정에 초점을 맞추지 못하고 주의를 집중하지 못하기 때문에 산만하게 보이는 사람이다. 꼭 부적절형이 아니더라도, 가족 사이에서는 부적절형 대화가 오가는 경우가 많다. "여보, 나 오늘 라디오에 사연을 냈는데 방송 나왔어." "오늘 저녁은 뭐야?"라든지, "아빠, 나 오늘 미술대회에서 금상 받았어요!" "숙제 했어? 학교 갔다 왔으면 재깍재깍 숙제부터 해야 할 것 아냐!"라든지 말이다. 대화 과정에 온전히 참여하기 위해서는 상대방의 생각과 감정을 알고 싶다는 관심을 보일 필요가 있다. 대화란 나와 상대방이 같이 참여해 가는 것이라는 사실도 기억할 필요가 있다. 새티어가 상담한 가족 중 약 50%가 굴종형, 30%가 비난형, 15%가 초이성형, 5%가 부적절형이라고 할 만큼 가족 커뮤니케이션에서는 역기능적인 상황이 많이 벌어지는 편이다. 나는 가족과 의사소통할 때 어떤 모습을 보이는지에 대해 다시 한 번 생각해 보도록 하자.

다섯째, 일치형congruent(가장 성숙한 의사소통 유형). 일치형은 솔직하고 정직하고 진술한 의사소통 유형을 가리킨다. 일치형은 메시지의 모든 측면이 일치하고 동일한 방향으로 나아가며, 바깥으로 표현되는 메시지와 내부에서 느끼는 감정이 조화를 이루고 일치한다. 어쩌면 이러한 일치형 커뮤니케이션의 모습은 그저 이상적으로만 그릴 수 있는 것일지도 모른다. 하지만 인생이란 모두 이상적인 목표를 향해 달려가는 과정이라는 것을 기억한다면, 불가능이란 없지 않겠는가.

다음은 필자가 대학원에서 상담 수업을 진행할 때의 이야기다. 학기를 시작할 때, 학생에게 한 학기 동안 스스로 심리적인 건강을 개발하기 위한 행동 실천 계획action plan을 짜보도록 했다. 그리고 학기 말에는 학기 초에 수립했던 목표를 달성하기 위해 어떤 노력을 했는지, 또 그 과정에서 어떤 변화가 있었는지에 대해 회고 기록지reflection paper를 제출하도록 했다. 한 학생은 '주위 사람의 말을 경청하기' 라는 목표를 세웠다. 그래서 평소에 자기 자신에 대해 그다지 말하기를 좋아하지 않는다고 생각했던 동생에게 이야기했다고 한다. "내가 5분 동안 아무 말도 안 하고 네 이야기를 열심히 들어 줄게. 하고 싶은 이야기를 해 봐." "별로 할 말 없는데?" 라고 대답할 거라 생각했던 동생은 "5분이라고? 음…… 있잖아. 요새 회사에서…… 내가 하고 있는 일이…… ~인데 말이야…… ~한 점이 정말 힘들어." 라고 하면서 말을 꺼내기 시작했다. 중간 중간 더듬거리기는 했지만 5분 동안 많은 이야기를 해 내는 동생을 보면서, 그 학생은 놀랐다고 한다. 이렇게 할 이야기가 많은 아이였구나 하는 생각도 들었고 말이다. 이제부터는 나의 가족에게도 용기를 내어 말을 걸어 보자. 생각 외로 매우 따뜻한 시간을 보낼 수 있을 것이다.

[친구 및 선후배와 터놓고 이야기해 보기]

도움 추구

일단 친구의 범위를 어디까지 잡을 것인가를 생각해 볼 필요가 있다. 대부분의 사람이 '친구'라고 하면 '나이가 같은 집단'이라는 의미로 인식한다. 그러니까 학교 동창, 입사 동기 이외에는 친구라고 말하기를 좀 꺼리는 것 같다. 학교에서는 학교 친구, 입사했을 때에는 입사 동기와 어울릴 수 있지만, 직장에 들어간 후 시간이 지나면 나의 생활 범위에서 '친구'라는 집단이 차지하는 크기가 점점 줄어든다. 학교 친구와는 공통 화제가 별로 없고, 입사 동기와는 부서가 겹치지 않으면 자연스럽게 멀어진다. 일 년에 한 번쯤 하는 동문회와 동기회에서는 죽지 않고 살아 있다는 안부를 묻기에 급급하고, 현재 어디서 무슨 일을 하고 있는지, 전화번호와 이메일은 바뀌지 않았는지 업데이트 작업을 하기에도 시간이 모자라다. 이러한 자리에서 친구의 지지를 받기란 쉬운 일이 아니다.

'사회에 나가면 아래 위 다섯 살은 맞먹어도 된다.' 라는 말이 있다. 예전에는 그냥 농담이라고 생각했었는데, 시간이 갈수록 그 말이 정말 맞다는 생각이 들기 시작했다. 5년 위의 선배에게 무작정 들이대라는 이야기가 아니다. 그만큼 마음을 터놓을 수 있는 친구의 범위를 넓히는 것을 권하고 싶다는 의미다. 다양한 장면에서 생활 하다 보면, 나와 마음이 잘 맞는 사람을 마주하게 된다. 학력도 다양하고, 경력도 다양하고, 연령대도 다양하기 마련이다. 그 중에서 또래를 고집하며 친구를 골라내다 보면 남는 사람이 별로 없는 것은 당연할 것이다. 일대일로 만나서 서로의 의견을 공유하고, 서로에게 에너지 충전을 해 줄 수 있는 창구를 많이 만들수록 나의 스트레스 관리는 훨씬 더 쉬워질 거라 생각한다.

신입사원 면접장에서 "○○○ 씨는 친구 관리를 어떻게 하고 계신가요?"라는 질문을 하면, "네에! 저는 페이스북과 트위터, 카카오톡을 통해 친구를 지속적으로 관리하고 있습니다. 제 온라인 친구 명단에 올라와 있는 사람이 1,000명에 가깝습니다."라고 자랑스럽게 대답하는 경우가 있다. 온라인 친구도 물론 소중한 존재다. 매일매일 순간순간 느끼는 스트레스를 SNSSocial Network Services 공간에 쏟아내게 해 주고(글쓰기 치료writing therapy의 효과라고나 할까?), 나의 감정을 실시간으로 공감해 주는 자원이니 말이다. 하지만 실제로 직장인의 34.9%는 SNS 때문에 스트레스를 받고 있다고 한다(한국경제, 2011. 3. 14.). 그 이유는 '상대방 메시지에 꼬박꼬박 응답해야 해서'(33.3%), '자신의 글이든 남의 글이든 업데이트가 되어 있지 않은 모습을 보면 스트레스를 받아서'(25.3%), '시간 날 때마다 글을 올려야 한다는 부담감이 생겨서'(21.8%) 때문에 말이다. 무엇이든지 과하면 화가 되는 법이다.

그러면서 함께 점검해 봐야 할 것은 직접 얼굴을 맞대는 오프라인에서의 만남도 신경을 쓰고 있는가의 문제다. 온라인에서의 가볍고 단편적인 대화 수준에서 만족하는 것을 넘어설 필요가 있다. 일상생활의 바쁜 나날 속에서도 의도적으로 시간을 내 보자. 평소의 생활 패턴과 장소에서 벗어나려는 노력을 기울여서 누군가를 직접 만나는 기회도 스스로에게 선물해 줄 것을 제안하고 싶다.

도움 주기

친구: 또래상담Peer Counseling

또래상담이란 비슷한 연령과 유사한 생활 경험 및 가치관을 지닌 또래가 일정한 훈련을 받은 후에 자신의 경험을 바탕으로 주변에 있는 친구의 고민을 해결하는 데 조력하고, 자기 자신도 더불어 성장하고 발달할 수 있도록 그들의 생활 제반 영역에서 지지적인 도움을 제공하는 활동을 의미한다(한상철, 기영예, 2004). 지금까지 우리나라에서는 청소년을 대상으로 또래상담이 이루어졌었지만, 사실 또래상담은 어느 연령대에서도 효과적으로 활용될 수 있는 도구다.

직장인도 사내에 친구가 있을 경우, 회사생활에 대한 만족도와 참여도가 더 높은 것으로 나타났다(파이낸셜뉴스, 2011. 11. 25.). 사내 친구가 있어서 좋은 점은 '회사에 친구가 있다는 것만으로도 든

든하다.' (29.8%), '업무적인 도움을 받을 수 있다.' (24.4%), '고민을 나눌 수 있다.' (23.3%), '정서적인 안정감을 느낄 수 있다.' (21.8%) 등이 있었다. 또 직장인에게는 고등학교 동창도 가장 의지할 수 있고 도움을 받을 수 있는 친구로 꼽혔다(브레이크뉴스, 2011. 5. 4.). 자주 만나고 연락하는 이유는 '나에 대해 제일 잘 아는 편한 사이라서(31.3%)'라는 응답이 가장 많았으며, '가장 오래 알고 지낸 사이이기 때문'(30.9%)이라는 답변도 뒤를 이었다.

이런 친구와의 만남에서 또래상담자 역할을 해 보면 어떨까. 고민을 토로하는 친구 앞에서 공감해 준답시고 내 경험을 떠들어 대지는 말자. "아~~ 진짜? 나도 딱 그랬었는데. 내 얘기 좀 들어봐." 이러한 응답 태도는 '너 이제야 그런 고민하니? 난 그런 문제 모두 다 해결하고 지나갔으니, 난 너보다는 살짝 잘난 듯?'과 같은 메시지를 상대방에게 전달할 수 있기 때문에 지양할 필요가 있다. 또 하지 말아야 할 행동은 "야, 뭐 그런 거 갖고 고민하냐? 이렇게 하면 되잖아. 자식이 앞뒤가 꽉 막혀서는~"과 같이 일방적인 해결책을 집어던지는 것이다. 이런 말은 '간단한 해답이 있는 걸, 바보같이 그것도 몰라?'라고 말하는 듯한 기분이 들게 한다. 사람은 누구나 자신의 이야기를 하고 싶어 한다. 마음속에 있는 이야기를 입 밖으로 꺼내어 말로 정리하면서 소화되는 부분도 많기 때문에 속 이야기를 누군가에게 하는 것 자체가 도움이 되는 행위다. 그렇기 때문에 친구에 대한 상담은 굳이 해결책을 주지 않아도 잘 들어주고 공감해 주는 것만으로도 큰 도움이 된다. 아니 어쩌면 해결책을 제시하지 않는 것이 더 도움이 된다. 내가 아닌 상대방에게 초점을 맞추고 친구의 생각과 감정을 읽어 주는 것에 중점을 두고 경청과 공감을 할 필요가 있다. '공감'의 또 다른 표현은 '상대방의 신발 신어 보기'임을 기억하면 좋겠다.

선배 · 후배 관계: 멘토링Mentoring

GE에서는 젊은 직원이 멘토가 되어 고위경영진에게 페이스북과 트위터를 가르치는 '역멘토링 제도'가 있다고 한다. 직장인에게 이러한 '역멘토링 제도'에 대한 의견을 조사한 결과, 응답자의 82.1%가 참여할 의사가 있음을 밝혔다(경향신문, 2011. 12. 20.). '멘토로 참여하고 싶다.'는 직장인이 45.3%로 가장 많았고, '멘티로 참여하고 싶다.'는 직장인도 36.8%로 높았다. 역멘토링 제도 도입으로 기대되는 장점으로는 '직원 간의 세대 차이가 줄어들 것 같다.'는 답변(51.2%)이 가장 많았다. 그리고 '직급 간 벽이 허물어져 회사 분위기가 더 좋아질 것 같다.' (37.3%), '직원의 소속감이 높아질 것 같다.' (33.8%)는 응답이 이어졌다.

대개 조직에서 기획하는 멘토링은 경력과 경험이 많은 선배가 초심자 후배에게 자신의 노하우를 전수해 주는 형태로 이루어진다. 하지만 실제 현장에서는 연초에 멘토 선배가 자장면 한 번 사주고, 손에 자기계발 도서 한 권 쥐어준 후, 1년 내내 얼굴 보기 힘든 형식적인 제스처에 그치는 아쉬움이 있다.

실제로 대부분의 직장인은 선배가 해 주는 멘토링이나 후배가 해 주는 역멘토링을 많이 바라고 있다. 우리나라 직장인 891명 중 95.9%는 '회사 내 멘토가 필요하다.'고 응답했다(이투데이, 2011.

7. 5.). 직장인이 멘토의 도움을 필요로 할 때로는 '업무 전반에 어려움을 느낄 때(61.6%)'가 가장 많았으며, '회사 생활에 대한 조언을 듣고 싶을 때(59.4%)'가 뒤를 이었다.

요즈음 기업 경영진은 젊은 신입사원의 태도를 보면서 '회사에 대한 소속감'이 약하고 조금만 마음에 들지 않는 일이 생기면 바로 이직 의사를 밝히는 데에 불만을 느낀다고 한다. 하지만 또 신입사원을 인터뷰해 보면, 자신도 회사에 잘 적응하고 싶은데 그 누구도 자신을 잡아 주지 않고, 현재의 혼란스러움을 해결하는 데 도움을 주지 않는다는 아쉬움을 표현한다.

나에게는 별것 아닌 자그마한 지식이지만, 정말 필요한 사람에게는 핵심적인 노하우로서 큰 도움이 되는 경우가 많다. 최신 트렌드를 잘 몰라서 혼자 끙끙대는 선배가 있다면, 어떻게 적응해야 힐지를 몰라 엉뚱한 삽질만 해 대며 주위 사람 속을 뒤집어 놓는 후배가 있다면, 용기 내어 한번 손을 내밀어 보자. 멘토는 존재하는 것만으로도 멘티의 적응도를 높일 수 있다는 것을 기억할 필요가 있다.

커뮤니티에서 의미 있는 기쁨 찾기

도움 추구

상담-코칭을 할 때, 필자는 내담자 앞에 도화지와 연필을 꺼내 놓고 '나의 사회도표'(소시오그램sociogram)를 그려 보도록 하곤 한다. 도화지에 우선 나를 동그라미로 표시하고 그 주변에 나의 인간관계를 표시해 보는 거다. 가까운 사람일수록 동그라미를 크게, 내 동그라미와 가깝게, 그리고 내 동그라미와 연결된 선을 굵게 그리게 한다. 자신의 사회관계에 대한 그림을 이렇게 그리다 보면, 대부분의 직장인의 경우 회사와 집, 약간의 고등학교·대학교 친구를 제외하고서는 별다른 동그라미가 보이지 않는다.

직장인을 대상으로 스트레스 상담을 할 때에는 "에너지를 충전할 수 있는 창구를 많이 만드세요."라는 말을 많이 한다. 언젠가 코칭 장면에서 만났던 한 팀장님이 너무나 지쳐 보이기에 이런 질문을 했던 적이 있다. "팀장님의 요새 에너지 수준은 어느 정도 되세

요?" 팀장님은 멋쩍은 듯 머리를 긁적이며 이렇게 대답하셨다. "엥꼬죠, 뭐."['엥꼬(えんこ)' 는 자동차 등이 고장 나 움직이지 못하는 상태를 뜻하는데, 우리나라에선 기름이 떨어진 상태를 의미하는 말로 쓰인다.] 두 번째 질문, "그러면 팀장님은 주로 어디에서 에너지를 충전하세요?" 금방 대답이 나오질 않았다. "음……(1분 경과) 죄송해요. 생전 그런 질문을 받아본 적이 없어서요……. 잘 모르겠어요. 애가 어렸을 때는 아무리 하루 종일 힘들었어도 집에 와서 딸내미가 방긋 웃어 주는 것만 봐도 힘이 났었는데…… 요새는 너무 커서 뭐 시큰둥하고요. 눈도 마주치는 둥 마는 둥 하고는 "오셨어요." 한마디 던지고 방문 닫고 들어가 버리더라고요. 에너지는 저한테서 나가는 거지, 들어오는 거는 뭐 거의 없다고 해도 되지 않을까요."

스스로도 한번 생각해 보자. 내가 소속되어 있는 커뮤니티는 어디어디인가? 잠깐만! 직장, 가족, 학교 친구를 제외하고 말이다. 이 사람들은 내가 큰 노력을 기울이지 않더라고 만날 수 있는 사람들이다. 우리가 지금 이야기하는 커뮤니티란 내가 자율적으로 나만의 목적으로 가지고 스스로의 재미와 즐거움과 의미를 찾아, 의도적으로 에너지와 시간을 투자하여 사람들을 만나는 모임을 말한다. 물론 모임의 크기가 크고, 만나는 빈도가 잦고, 같이 하는 일이 매우 고차원적이어야 하는 것은 아니다. 필자가 코칭했던 어느 회사의 상무님은 아이스하키 동호회에서 활동을 하고 계신 분이었다. 희끗희끗한 머리칼과 사무실에 놓여 있는 하키스틱이 그렇게 멋지게 어울릴 수가 없었다. 또 프로젝트를 하면서만 보던 어느 대리님은 정기적으로 노인 분을 찾아가서 청소도 해드리고, 말벗도 해드리는 봉사 커뮤니티에서 활동하고 계셨다. 대단하다고 감탄하는 필자에게, '별거 아니다.'며 얼굴이 빨개지는 대리님이 그날따라 참 건강한 사람이라는 생각이 들었다.

뭐 대단한 것이 아니라도 좋다. 나와 뜻이 같은 사람을 정기적으로 만나는 커뮤니티에 참여하면서, 서로에게 에너지를 불어넣어 주고 충전받는 작업을 한다면, 내 에너지 수치는 날로 늘어나지 않을까?

취미 커뮤니티

2011년에 방영하였던 KBS 예능 프로그램인 〈남자의 자격: 청춘 합창단〉을 기억하는가? 노래를 좋아하는 노년층이 오디션에 참여하여 실력을 뽐내고, 아이돌의 노래와 안무를 연습하며 전국 합창 경연대회를 준비하는 과정이 방송되었었다. 물론 대부분의 사람이 결승 공연을 보면서 많은 감동을 받아 눈시울을 붉혔다고들 한다. 하지만 이 프로그램에서 눈에 띄었던 것은 좋아하는 취미를 공유할 수 있는 커뮤니티가 생겼고, 경연 후에도 지속적인 합창 모임을 하게 되었다는 것도 있지만, 그보다 더 의미가 있었던 것은 경험을 통해 '이제는 아무도 불러 주지 않는 뒷방 늙은이'라고 자조 섞인 한숨을 쉬던 노년층이 삶의 활력을 찾았다는 점이었다.

역시 같은 해에 인기 있었던 SBS 드라마 〈여인의 향기〉가 있었다. 한국판 버킷 리스트bucket list(롭 라이너, 잭 니콜슨, 2007)('죽다'라는 뜻의 속어 '버킷을 걷어차다kick the bucket'에서 유래한 말로, 죽기 전에 하고 싶은 일을 적어 만든 목록을 뜻함)에 대한 내용이었는데, 시한부 판정을 받은 주인공이 자신이 하고 싶었던 일을 하나하나 해나가는 과정을 보여 주는 것이었다. '죽기 전에 꼭 하고 싶은 스무 가지'에 들어 있던 것이 바로 '탱고 배우기'였다. 주인공 연재는 탱고 학원에 다니면서 취미가 같은 사람을 만나 그들에게서 따뜻한 지지를 얻고 자신도 동료에게 마음에서 우러난 지원을 제공하게 된다. 왜 이런 작업을 죽기 6개월 전에야 한단 말인가. 살아있을 때, 아직 내 앞에 살아갈 날이 많이 남아 있을 때 인생의 재미를 찾아보자.

코칭에서 만났던 어떤 과장님께 이런 질문을 했었다. "요새 과장님께서 재미를 느끼는 일이 있다면 뭘까요?" '뭐 이런 한심한 인간이 있어?'라는 눈초리로 필자를 위아래로 한참 째려보시더니, 한마디를 던졌다. "(당신 같으면) 재미있겠어요?" 물론 과장님이 그때 많이 힘든 상황이었기 때문에 그런 말을 했다는 것을 이해하긴 하지만 솔직히 속으로는 '저분은 언제쯤 되면 인생이 재미있다고 느낄까? 그런 날이 있기는 할까?'라고 중얼거렸다.

영화 대사 중에 이런 것이 있다. 우디 알렌 감독의 〈에브리원 세즈 아이 러브 유Everyone says I love you〉(1996)라는 영화를 보면, 할아버지의 장례식 때 모인 가족의 눈앞에 갑자기 할아버지의 유령이 관 속에서 일어나 이야기를 한다. "너희는 항상 일을 하지. 언제든지 뭔가 할 일이 있다고 하더라. 도대체 쉬지를 않아. 너무 바빠서 옆으로 눈을 돌리지도 못하지. '나중에 백만장자가 되면 재미있게 살 거예요.'라고 하더구나. 정신 차려라. 그 수많은 날이 흐른

후 아무 일도 할 수 없는 늙은이가 된 다음에 도대체 무슨 재미를 찾겠다는 거냐You work and work for years and years. You're always on the go. You never take a minute off. Too busy making dough. Someday, you say, you'll have your fun when you're a millionaire. Imagine all the fun you'll have in some old rocking-chair." 그리고 유령들과 함께 이렇게 노래하며 춤을 춘다. "재미있게 살아라. 네가 생각하는 것보다 인생은 짧다Enjoy yourself. It's later than you think." 나에게 에너지를 줄 수 있는 활동을 좋은 사람들과 함께 할 수 있는 취미 커뮤니티란 내 삶에 재미를 찾는 데 큰 도움이 될 것이다.

종교 커뮤니티

종교와 건강의 관계에 대한 연구 결과를 보면 "교회에 열심히 나가는 사람이 일요일마다 골프를 하는 사람보다 더 건강하다."는 이야기가 나온다(이영돈, 2006). 종교적인 대처 여부와 정신건강 사이의 상관관계에서도 기도와 신앙에 의지하는 사람일수록 우울 수준이 낮았고, 행복 수준은 더 높았다. 종교는 고통스럽거나 어려운 상황을 이겨내기 위해 기도를 통한 치유에 대해 이야기한다. 종교는 사람의 삶에 희망과 의미, 목적을 가져다 주며 정신건강까지 개선시키는 효과를 일으킨다. 또한 교회에서 만난 사람끼리 서로 지지하고 기도해 주는 것도 고통과 상실감, 스트레스를 줄여 준다. 이와 같이 종교적 커뮤니티에 참여하여 나의 마음건강을 챙기는 것도 바람직하다.

도움 주기

자발적 봉사활동에 참여한 사람의 심리적 결과를 보면, '일상의 작은 변화'와 '자기 계발'이 나타난다고 한다(허성호, 정태연, 2011). 자신의 일상생활이 어떤 의미가 있는지에 대해 평소에는 잘 몰랐거나 대수롭지 않게 여기는 사람이 많다. 하지만 이들도 봉사활동을 경험한 후에는 일상생활의 소중함이 더욱 크게 느껴졌거나 일상에서의 변화로 내 가족이나 나의 건강, 나의 일에 대해 여러 가지 심리적 의미를 발견하게 되었던 것으로 나타났다. 동시에 타인에 대한 이해심이 자극이 되어 타인을 배려하고 관심을 드높이는 게기가 되었다고 한다.

사람은 내적 욕구가 충족될 때 더 많은 것을 성취하고 풍요로운 삶을 살 수 있다(Pink, 2009). 우리가 높은 성과를 이룰 수 있는 비밀은 인간의 생물학적 욕구나 보상과 처벌의 욕구가 아닌 제3의 드라이브, 즉 스스로 삶을 이끌고 자신의 능력을 소비하고 확장하며 목적이 있는 삶을 살고 싶다는 인간의 뿌리 깊은 욕구 안에 숨어 있다. 우리는 자신에게 중요한 무언가를 하고, 그 무언가를 잘하고, 또 자신보다 큰 대의를 위해 노력할 때 가장 풍요롭다.

인간은 자신의 욕구를 충족해 주는 여가 활동에 참가하여 자신의 욕구가 만족할 때 즐거움을 느끼고, 여가 만족이 높아진다(이준원, 2007). 많은 여가 학자는 여가 만족이 생활 만족에 결정적인 영향을 미친다고 강조하였다(Ponde & Santana, 2000). 그런데 자원봉사에 참가하는 사람들은 전반적으로 여가 만족도(심리적 · 사회적 ·

신체적)가 높은 것으로 나타났다(박세혁, 이윤정, 서희정, 최진호, 2010). 그리고 자원봉사에 많이 참여할수록 여가 만족도는 더욱 상승하고 있었다. 즉, 도움을 필요로 하는 누군가에게 내가 도움을 줌으로써 내 삶의 풍요로움은 상승한다. 특히 내가 당장 뭔가 노력을 해서 해결하거나 통제·관리할 수 없는 스트레스가 쌓일 경우, 스스로 수용하고 소화하는 과정을 도와주고 에너지를 충전받도록 해 주는 것이 봉사활동이라고 말할 수 있겠다.

봉사의 분야와 종류는 우리가 일반적으로 생각하는 것보다 매우 다양하다. 서울시자원봉사센터(www.volunteer.seoul.go.kr)에서 분야별로 조회를 해 보면, 다음과 같이 봉사 분야가 여러 가지로 나누어지는 것을 볼 수 있다.

〈봉사 활동 분야〉

	활동 분야	활동 내용
1	사회복지	상담, 교육, 이미용, 사무보조, 가정 방문, 나들이 지원 등
2	문화·체육	문화공연, 문화시설 안내, 문화행사 도우미, 관광 안내 등
3	교통 질서	안전지킴이, 기초질서 캠페인 등
4	환경 보호	환경정비 활동, 환경 캠페인, 환경교육 활동, 재활용 운동 등
5	보건·의료	진료, 건강교육, 건강증진 캠페인, 호스피스 활동 등
6	국제 관계	통역 및 번역 활동, 외국어 HP/서적 번역, 민박봉사 활동 등
7	공공기관	행정보조, 주민자치활동 지원, 방법활동 지원 등
8	재난·재해 구호	예방 활동 및 복구 지원 등
9	교육 활동	강의, 방과후교실, 도서관 지원 등
10	소비자 보호	피해 소비자 상담 및 권익 보호를 위한 모니터링 활동 등

봉사와 유사한 개념으로 '재능기부'가 있다. 재능기부란 개인의 재능을 자신의 이익이나 기술 개발에만 사용하지 않고, 이를 활용해 사회에 기여하는 새로운 기부 형태를 일컫는다. 돈을 내는 금전 기부가 대부분 일회성인 것에 비해 재능 기부는 각자의 전문성과 지식을 바탕으로 한 지속적인 기부 형태라는 점에서 한 단계 진화된 기부 모델이라는 평가를 듣는다(위키백과 참조). 성인의 경우에는 자신의 전문 분야를 통해 쌓아온 재능을 사회단체나 공공기관, 도움이 필요한 사람에게 기부할 수 있을 것이다(예, 무료 심리상담, 무료 음악회, 무료 영어 과외, 무료 컴퓨터 A/S 등).

스스로에게 한번 질문을 던져 보자. 내 주위에 있는 사람들은 어떤 도움을 필요로 하는가? 그리고 나는 그 사람들에게 어떤 재능을 기부할 수 있는가?

[전문가와 함께 내 마음속 들여다보기]

  사람들은 현재 마주한 문제를 좀 더 잘 해결하기 위해, 좀 더 자신이 원하는 삶을 잘 살기 위해, 혹은 자신을 발전시키기 위해 전문가에게 상담이나 코칭을 받는다. 하지만 심리적인 어려움을 겪는 사람들이 도움을 추구하지 않는 서비스 갭(service gap) 현상은, 우리나라뿐 아니라 상담이나 심리치료가 보편화된 서구권에서도 일어나고 있다고 한다(신연희, 안현의, 2005). 사람들이 상담-코칭 전문가에게 도움을 추구하지 않는 이유는 대부분 '자기 자신을 드러내기 힘들어하기 때문'이다. 성별을 기준으로 보았을 때에는 여자가 남자보다 상담에 대한 태도가 더 우호적이라고 한다(유성경, 이동혁, 2000). 즉, 여자에 비해 남자는 필요할 때에도 전문적 도움을 청하지 않는다. 직장인에게 '사표를 던지고 싶을 때 대응하는 방법'에 대해 질문을 했을 때 응답 1위가 '주변에 하소연하며 스트레스를 푼다.'였다. 역시 이 방법을 주로 쓰는 사람은 여성이 남성의 2배인 것으로 나타났다(한국경제신문, 2009. 7. 13.). 전문적 도움 추구 행동에 남성이 약하다는 뜻이다. 관리자 코칭 장면에서 만나게 되는 내담자는 남성이 대부분이다. 하지만 이 코칭은 조직에서 꼭 참가하라는 지시가 내려와서 참가하는 것인 경우가 대부분이다. 그리고 이들도 역시 길게 대화를 하는 것은 술자리에서 취했을 때나 가능할 뿐, 자신의 속마음을 잘 드러내지 않는 것이 더 익숙하다는 이야기를 많이 한다. 또 완벽한 모습만을 보이기 위해 열심히 노력하는 사람이나 완벽한 모습을 보이기 위해 불완전함을 숨기려고 애쓰는 사람은, 모두 자신의 문제를 드러내기 어려워하기 때문에 전문적인 도움 추구를 꺼려한다고 한다(하정희, 2010).

상담-코칭은 전문가와 내담자와의 대화를 통한 내담자의 인간적 성장을 위해 노력하는 학습 과정을 말한다. 적극적이고 능동적으로, 요새 유행하는 말로 '자기주도적으로' 내담자가 현재의 어려움을 잘 소화해 내고 넘어서서 새로운 삶의 방식을 시도해 보는 과정이다. 따라서 누군가의 손을 빌려야 할 때에도 자존심 때문에 혼자 주저앉아 있는 사람보다는, 적극적으로 나를 조력할 수 있는 전문가를 찾아 함께 의논하면서 나아갈 길을 찾는 사람이 훨씬 더 자기를 소중히 여길 줄 아는, 자존감이 높은 사람이 아니겠는가.

상담이나 코칭 장면에서 상담자(코치)와 내담자(피코치) 간에 다른 용어를 사용하는 것을 발견한 적이 있다. 전문가는 '내담자가 상담-코칭을 받으러 온다.'고 이야기하지만 내담자는 '상담-코칭을 하러 왔다.'라고 표현을 한다. 이러한 표현 차이에 대해 한 내담자는 "상담을 받으러 온다고 말하면 왠지 고개를 숙이고 도움을 부탁하러 오는 것 같아서 자존심이 상한다."라고 이야기했었다. 또한 평가 장면에서 만난 기업 구성원에게 상담이나 코칭을 권유하면 "혼자 해결해야 하는 일인데 누군가에게 힘을 빌리는 것은 무능함을 드러내는 것 같아 싫다."라고 거절하는 경우가 많다. 특히 한국인을 이해하는 개념틀로서 다음의 세 가지 차원을 보면(조긍호, 2003) 이러한 부분이 더 명확하게 나타난다.

첫째, 주의의 초점 차원. 한국인은 사회적 관계 유지와 조화 지향성이 강하다.

둘째, 통제의 소재 차원. 한국인은 자기억제와 자기은폐 지향성이 강하다.

셋째, 자기향상의 방안 차원. 한국인은 단점을 수용하고 자기개선을 지향하는 것으로 나타났다.

자신의 스트레스 관리와 내면적 성장을 위해 전문가와 함께 이야기해 보고 싶은 분을 위해 상담-코칭기관의 연락처를 [부록]에 실어 놓았다. 누군가 나에게 손을 내밀어 줄 때까지 기다리지 말고 바로 휴대폰을 들어 전문기관의 정보를 찾아본 후, 전화하거나 메일을 날려 보자. 진정한 나에 대한 사랑은 시간과 노력을 들여 나를 보살펴 줄 때에 최적의 효과를 볼 수 있다고 생각한다.

상담-코칭기관 연락처

〈학회〉

한국상담심리학회 http://www.krcpa.or.kr

〈기관〉

• 기업 인사팀에서 구성원의 심리적 성장을 위해 상담-코칭 프로그램을 진행하고 싶을 때
  - 리더스인싸이트 그룹
  (Website) http://www.leadersinsight.co.kr
           http://www.insighteap.co.kr
  (Email) eap@leadersinsight.co.kr
• 개인적으로 자신의 심리적 성장을 위해 상담-코칭을 하고 싶을 때
  - 세은 심리상담연구소
    (Website) http://www.seeuncounsel.com
    (Email) seeuncounsel@hanmail.net
    (Phone) 02-3147-0657
  - 마음사랑 상담센터
    (Website) http://www.maumsarang.or.kr
    (Email) welcome@maumsarang.or.kr

(Phone) 02-511-4410

- 아주심리상담센터

    (Website) http://apcc.ajou.ac.kr

    (Email) acc@ajou.ac.kr

    (Phone) 031-219-1721

- 한겨레심리상담센터

    (Website) http://www.hancoun.com

    (Email) ancoun1@hanmail.net

    (Phone) 02-2642-1233

- 서울발달 · 심리상담센터

    (Website) http://www.seoulpsy.co.kr

    (Email) psy1@seoulpsy.co.kr

    (Phone) 02-2252-9004

참고문헌

강동묵(2005). 직무 스트레스의 현대적 이해. 서울: 고려의학.

강수연, 이창환(2011). 사회복지종사자의 감성지능 수준에 따라 감정노동이
　　　소진에 미치는 영향. 사회과학연구. 37(2), 53-72.

고명연, 옥수민, 권경민, 태일호, 안용우(2009). SRRS를 이용한 BMS 환자의
　　　생활변화에 관한 연구. 대한구강내과학회지, 34(2).

권석만(2008). 긍정심리학. 서울: 학지사.

김시연, 서영석(2010). 스트레스, 배우자지지, 결혼 만족 간 관계: 자기효과 및
　　　상대방효과 검증. 한국심리학회지: 여성. 15(2), 189-213.

김인구(2008). 심리적 수용과 직무 스트레스 : 직장인용 ACT프로그램 효과 검
　　　증. 아주대학교 대학원 심리학과 박사학위 논문.

김재엽, 남석인, 최선아(2009). 기혼 직장여성의 스트레스, 우울, 자살생각의
　　　관계-TSL 대처방식에 따른 다집단 분석-. 한국사회복지조사연구. 22,
　　　275-308.

김주환(2011). 회복탄력성. 서울: 위즈덤하우스.

김택호(2004). 희망과 삶의 의미가 청소년의 탄력성에 미치는 영향. 한양대학
　　　교 대학원 교육학과 박사학위 논문.

노순규(2010). 직장인의 스트레스와 자기계발. 한국기업경영연구원.

노순규(2011). 직장인의 스트레스와 자기계발. 한국기업경영연구원.

노인선, 김계하(2011). 가족지지와 자아존중감이 암환자의 무력감에 미치는 영향. 간호과학, 23(1).

박경규, 최항석(2007). 직장 내 집단 따돌림의 선행요인과 결과에 관한 연구: 직장 내 집단 따돌림의 매개효과 검증을 중심으로. 경상논총. 25(4), 43-70.

박경순(2011). 정신분석과 인지치료의 통합적 접근. 인지행동치료. 11(2), 113-135.

박세혁, 이윤정, 서희정, 최진호(2010). 자원봉사자의 관여도가 여가만족에 미치는 영향: 다차원적 접근. 한국여가레크레이션학회지. 34(2), 135-144.

박양규, 여성칠(2011). 개인-조직가치 부합수준과 성과관계 검증. 응용통계연구. 24(2), 411-424.

박영희, 나중덕, 김선희(2011). 요양보호사의 근무환경이 직무 스트레스에 미치는 영향: 자기효능감을 매개변수로 하여. 노인복지연구. 52, 349-368.

박지원(1985). 사회적 지지척도 개발을 위한 일 연구. 연세대학교 대학원 박사학위 논문.

보건복지부(2008). OECD Health Data.

보건복지부(2011). 대한민국 성인 행복지수 '낙제점' 수준.

사이토 시게타(2006). 이젠 정말 지쳤어(정난진 역). 서울: 글로연.

서경현, 양승애(2011). 대학생 스트레스원에 대한 대처방식으로서 음주의 역할. 청소년학연구. 18(11), 331-352.

송다영, 장수정, 김은지(2010). 일가족양립갈등에 영향을 미치는 요인 분석: 직장 내 지원과 가족지원의 영향력을 중심으로. 사회복지정책. 37(3), 27-52.

신연희, 안현의(2005). 전문적 도움 추구 행동에서 접근요인과 회피요인의 상대적 중요성 고찰. 한국심리학회: 상담 및 심리치료. 17(1), 177-195.

양태석, 박인수, 이용천(2008). 호텔 조리사의 직무 스트레스 반응과 직무 만족 분석. 한국조리학회지, 14(2), 1-17.

유성경, 이동혁(2000). 한국인의 상담에 대한 태도에 관한 분석적 연구. 한국심리학회지: 상담 및 심리치료. 12(2), 55-68.

이경숙(2011). 정책적 시사점 도출을 위한 사회적 지지와 가족기능이 중, 노년의 삶의 만족도에 미치는 영향에 관한 연구. 한국컴퓨터정보학회논문지. 16(4), 245-254.

이경순, 최외선(2004). 효과적인 부부 상담을 위한 성숙한 커뮤니케이션 방안 모색: Satir의 성장모델을 중심으로. 한국가족복지학. 9(1), 117-133.

이봉재(2006). 알코올 중독자의 삶의 만족도와 사회적 지지의 효과에 관한 연구. 정신보건과 사회사업. 22, 33-57.

이영돈(2006). KBS 특별기획 다큐멘터리 마음. 서울: 예담.

이윤주(2009). 가족지지, 부모와의 의사소통 및 친밀감이 중고등학생의 자살 행동에 미치는 영향. 가족과 문화. 21(3), 57-71.

이종목(2008). 직무 스트레스의 이해와 관리전략. 광주: 전남대학교 출판부.

이준원(2007). 야외활동 참가자의 여가경험과 여가만족, 생활만족 및 재참여 의도의 관계. 한국여가레크레이션학회지. 31(1), 167-180.

이지연, 이광희(2000). 사회적 지지망에 관한 발달적 연구. 교육심리연구. 14(2), 5-28.

이토 마모루(2008). 3분 코칭. 서울: 21세기북스.

이혜자, 권순호(2011). 요양보호사의 근무환경 특성과 직무 스트레스가 직무 만족도에 미치는 영향. 노인복지연구. 51, 125-144.

임영규, 김영락(2011). 직장 내 공정성이 직장몰입, 업무순응 행위에 미치는 영향. 세무회계연구.

장현갑(2010). 스트레스는 나의 힘. 서울: 불광출판사.

전도근, 권영복, 최승원, 황태옥(2010). 스트레스 역설의 건강학. 서울: 책과상상.

전미애, 임세영(2010). 전문계 고등학생의 학습된 무기력과 스트레스 대처전략의 관계. 대한공업교육학회. 35(1), 1-99.

정여진, 안정신(2010). 남성노인의 성공적 노화에 가족관계 변인이 미치는 영향. 한국노년학. 30(2), 535-550.

조긍호(2003). 한국인 이해의 개념틀. 서울: 나남출판.

조대경, 이관용, 김기중(1994). 정신위생 (6판). 서울: 중앙적성출판사.

조주연, 도현심(2011). 부모간 갈등, 어머니의 지지 및 통제와 또래관계의 질이 고등학생의 문제행동에 영향을 미치는 경로. 아동학회지. 32(2), 1-20.

최미경, 조용래(2005). 생활 스트레스와 지각된 불안 통제감 및 대처양식이 대학생의 불안에 미치는 영향. 한국심리학회지 임상. 24(2), 281-298.

최인, 김영숙, 서경현(2009). 노인의 자살충동에 영향을 미치는 심리사회적 요
  인. 보건과 사회과학. 25, 33-56.

코스기 쇼타로, 카와카미 신지(2007). 나는 왜 출근만 하면 우울할까?(김하나
  역). 서울: 거름.

하정희(2010). 완벽주의적 자기제시와 전문적 도움 추구태도와의 관계 – 자아
  존중감의 조절효과. 한국심리학회지: 상담 및 심리치료. 22(2), 265-280.

한상철, 기영예(2004). 또래상담자 훈련이 또래상담자의 자기 존중감과 의사
  소통 능력에 미치는 효과. 교육학논총. 25(2), 85-99.

허성호, 정태연(2011). 대학생의 자발적 봉사활동에 대한 질적 연구: 근거이론
  을 중심으로. 한국심리학회지: 사회문제. 17(3), 287-304.

Antoni, M. H., & Schneiderman, G. I. N. (2010). 스트레스의 인지행동치료(최병
  휘, 김원 편역). 서울: 시그마프레스.

Baumgardner, S. R., & Crothers, M. K. (2009). 긍정심리학(이진환, 신현정, 안
  신호 역). 서울: 시그마프레스.

Bond, F. W., & Bunce, D. (2000). Outcomes and mediators of change in
  emotion-focused and problem-focused worksite stress management
  interventions. *Journal of Occupational Health Psychology, 5*, 156-
  163.

Desrosiers, J., Bourbonnais, D., Noreau, L., Rochette, A., Brabo, G., &
  Bourget, A. (2005). Participation after stroke compared to normal
  aging. *Journal Rehabilitation Medicine, 37*, 353-357.

Diene, E., & Diene, R. B. (2009). 모나리자 미소의 법칙(오혜경 역). 파주: 21세
  기북스.

Donaldson-Feilder, E., Yarker, J., & Lewis, R. (2011). *Preventing stress in
  organizations: How to Develop Positive Managers.* MA: Wiley-
  Blackwell.

Duke Corporate Education. (2009). 중간 관리자의 성과코칭스킬(박정민, 김용
  운, 임대열 역). 서울: 이너북스.

Elkin, A. (2000). 천재 A반을 위한 스트레스 탈출(유영대 역). 서울: 비앤비.

Frazier, P., Keenan, N., Anders, S., Perera, S., Shallcross, S., & Hintz, S. (2011). Perceived Past, Present, and Future Control and Adjustment to Stressful Life Events. *Journal of Personality and Social Psychology, 100*(4), 749-765.

Fredrickson, B. (2009). 긍정의 발견(최소영 역). 파주: 21세기북스.

Giga, S. I., Cooper, C. L., & Faragher, B. (2003). *The Development of a framework for a comprehensive approach to stress management interventions at work, 10*(4), 280-296.

Hansen, M. T. (2011). Collaboration 협업. 서울: 교보문고.

Hobfoll, S. E. (1989). Conservation of resources: A new attempt at conceptualizing stress. *American Psychologist, 44*, 513-524.

Holmes, T. H., & Rahe, R. H. (1967). The Social readjustment rating scale. *Journal of Psychosomatic Research, 11*, 213-218.

Karasek, R. A. Jr. (1979). Job demands, job decision latitude, and mental strain: Implications for job redesign. *Administrative Science Quarterly, 24*, 285-311.

Karasek, R., & Theorell, T. (1990). *Healthy work: Stress, productivity, and the reconstruction of working life.* New York: Basic Books.

LaRoche, L. (2004). 유쾌한 스트레스(최세민 역). 서울: 예문.

Lazarus, R, S., & Folkman, S. (1984). *Stress, appraisal and coping.* New York: Springer Pub, Co.

Le Fevre, M., Matheny, J., & Kolt, G. (2003). Eustress, distress, and interpretation in occupational stress. *Journal of Managerial Psychology, 18*, 726-744.

Lewin, K. (1935). *A dynamic theory of personlity.* New York: McGraw-Hill.

Leymann, H., & Gustafsson, A. (1996). Mobbing at work and the development of post traumatic stress disorders. *European Journal of Work and Organizational Psychology, 5*(2), 251-275.

Loyd, A., & Johnson, B. (2011). 힐링코드(이문영 역). 서울: 시공사.

Monk, E. M. (2004). Student mental health: The case studies. *Counseling Psychology Quarterly, 17*, 395-412.

O' Keeffe, A. (2011). 보스: 상사는 왜 나를 미치게 만드는가(최수진 역). 서울: 푸른여름 출판.

O' Sullivan, G. (2010). The Relationship between Hope, Eustress Self-Efficacy and Life Satisfaction among Undergraduates. *Social Indicators Research, 101*(1), 155-172.

Pink, D. (2009). 드라이브: 창조적인 사람들을 움직이는 자발적 동기부여의 힘. 서울: 청림출판.

Ponde, M. P., & Santana, V. S. (2000). Participation in leisure activities: Is it a protective factor for women' s mental health?. *Journal of Leisure Research, 32*, 457-472.

Riggio. (2008). Leadership Development: The Current State and Future Expectation. *Consulting Psychology Journal: Practice and Research*. Vol. 60, No. 4, 383-392.

Schnabel, U. (2011). 행복의 중심 휴식(김희상 역). 서울: 걷는나무.

Seligman, M. E. P. (2008). 학습된 낙관주의(최호영 역). 파주: 21세기북스.

Seligman, M. E. P. (2009). 마틴 셀리그만의 긍정심리학(김인자 역). 안양: 물푸레.

Siegrist, J. (1996). Adverse health effects of high effort-low reward conditions at work. *Journal of Occupational Health Psychology, 1*, 27-43.

Simmons, B. (2000). Eustress at work: Accentuating the positive. Dissertation, Oklahoma State University. Retrieved November 22nd, 2008, from the Claremont Colleges Library Database.

Tolsdorf, C. C. (1976). Social networks, support, and coping: An exploratory study. *Family Process, 15*, 407-417.

Tulgan, B. (2011). 상사를 관리하라: 최상의 리더십을 이끌어내는 탁월한 팔로워십의 법칙(박정민, 임대열 역). 서울: 랜덤하우스.

"직장 일에 지친 여성, 걸신처럼 먹는다.". (2012. 3. 14.) 한국일보.

[생활건강] 신입사원의 '제1계명' 스트레스를 다스려라. (2011. 9. 14.). 매일

경제.

[일본] 직장 부적응자 '급증', 6월병 뚜렷. (2011. 3. 23.). 한국경제매거진.

[해외건강정보] 목욕이 외로움 없애준다. (2011. 11. 16.). 일요신문.

'소셜 네트워크 스트레스' 들어보셨나요?. (2011. 3. 14.). 한국경제.

'욕을 먹어도 웃어야 합니다' 대인 서비스 '감정노동자'의 슬픈 미소. (2011. 11. 29.). 경향신문.

'직장인이 회사에 바라는 1순위는…'. (2012. 2. 10.). 세계파이낸스.

"[낮은 목소리] 개인보다 조직 내부를 들여다봐야". (2012. 2. 2.). 한겨레 오피니언.

"LG경제연구원 '기업, 구성원 스트레스 관리에 힘써야'". (2011. 6. 27.). 세계파이낸스.

"VJ특공대 분노공화국, 대한민국 사회 집중조명". (2012. 3. 9.). 아츠뉴스.

"스트레스 결근일 급증 英 연간 1280만일 달해". (2005. 5. 18.). 헤럴드경제.

"연말 술자리에… 업무 스트레스에… 웃는 업체 우는 직장인". (2011. 12. 24.). 중앙일보 경제.

공적 가로채는 상사 – 시킨 것만 하는 부하 "퇴출 1순위 직장인". (2004. 2. 18.). 세계일보.

구글 상상력 최고 대우서 나온다. (2007. 1. 14.). 매일경제.

부하 직원에 가장 스트레스 주는 상사의 말은. (2011. 7. 13.). 한국일보.

사내 '롤모델' 찾기 "내게도 '과장급' 멘토가 필요해". (2011. 7. 5.). 이투데이.

삼성경제연구소 '신입사원 조기 정착을 위한 스마트 스타트'. (2011. 11. 25.). Kmobile 뉴스.

상사에 스트레스 주는 말 1위는. (2011. 7. 13.). 한국일보.

연봉보다 역시 '인간관계' …2명 중 1명 '사표 써봤다'. (2009. 7. 13.). 한국경제신문.

직장인 10명 중 6명 "대인관계가 업무보다 스트레스 커". (2011. 3. 24.). 한국경제.

직장인 45%, "회사 내에도 왕따 있어". (2012. 1. 4.). 이투데이.

직장인 51%, "상사가 꼬투리 잡으며 잔소리 할 때 가장 울컥". (2010. 7. 12.).

프런티어타임스.

직장인 82% "역멘토링 참여하고 싶다". (2011. 12. 20.). 경향신문.

직장인 절반 "퇴근 후에도 업무걱정". (2011. 12. 6.). 경향신문.

직장인, "사내 친구 있으면 회사 생활 만족도 더 높다". (2011. 11. 25.). 파이낸셜뉴스.

직장인이 가장 의지하는 친구? '사회 친구' 보다 '고등학교 동창'. (2011. 5. 4.). 브레이크뉴스.

위키백과(http://ko.wikipedia.org/wiki/%EC%9E%AC%EB%8A%A5%EA%B8%B0%EB%B6%80)

Bucket List: 죽기 전에 꼭 하고 싶은 것들(2007). 감독 롭 라이너 / 잭 니콜슨, 모건 프리먼 주연. Warner Bros.

Horrible Bosses(2011). 세스 고든 감독 / Warner Bros. Pictures.

네이버 건강 - "화병"; 서울대학교병원 제공

http://www.dpi.nsw.gov.au/agriculture/livestock/beef/market/publications/dcb-cattle-mgt#A-checklist-for-minimising-DCB

Grandjean. (2004). retrieved from http://osh.govt.nz/publications/booklets/stress-tools2008 /models-stress.asp

http://blog.naver.com/swjaseng?Redirect=Log&logNo=40154953032

http://blog.naver.com/hf_365?Redirect=Log&logNo=140092781937

http://blog.daum.net/_blog/BlogTypeView.do?blogid=0ZkEt&articleno=568&categoryId=2&regdt=20120524115202#ajax_history_home

http://blog.naver.com/PostView.nhn?blogId=ysmgysmg&logNo=100154655447&categoryNo=61&viewDate=&currentPage=1&listtype=0&from=postList

http://blog.daum.net/chkwon1004/18353090

http://blog.daum.net/_blog/BlogTypeView.do?blogid=0TnPM&articleno=589#ajax_history_home

저자 소개

최윤미
이화여자대학교 대학원 심리학과에서 상담심리학 전공으로 박사 학위를 받았다. 한국상담심리학회 이사, 학술위원장, 편집위원, 한국상담심리학회장 (2012)을 역임하였으며, 서울가정법원에서는 가사조정위원을 역임하였다. 현재 강원대학교 교수로 재직 중이다.

(저서) 심리극(1996, 중앙적성출판사)

(역서) 스트레스 없는 풍요로운 삶(공역, 2013, 시그마프레스)
        쇼펜하우어 집단심리치료(공역, 2008, 시그마프레스)
        나는 사랑의 처형자가 되기 싫다(2001, 시그마프레스)

지승희
이화여자대학교 대학원 심리학과에서 상담심리학 전공으로 석사 및 박사 학위를 받았다. 한국청소년상담원(현 한국청소년상담복지원) 상담교수를 역임하였다. 현재 고려사이버대학교 상담심리학과 교수로 재직 중이다.

(역서) 스트레스 없는 풍요로운 삶(공역, 2013, 시그마프레스)
        예방상담학(공역, 2010, 시그마프레스)
        괴롭힘 없는 교실 만들기(공역, 2008, 시그마프레스)
        상담인턴십 : 이론에서 실제로(공역, 2008, Cengage Learning)

박정민
이화여자대학교 대학원 심리학과에서 상담심리학 전공으로 석사 및 박사 학위를 받았다. 한국청소년상담원 선임상담원, 이화여자대학교 학생상담센터 연구원, (주) 다산 E&E의 EAP 팀장, (주) 피플인싸이트그룹의 EAP 팀장을 역임하였다. 현재 (주) 리더스인싸이트그룹의 Development 담당 상무로 재직 중이다. 다양한 조직의 CEO, 임원 및 중간관리자, 구성원을 대상으로 스트레스 관리를 하는 상담심리전문가 및 leadership & followership을 관리하는 리더십 코치로 활발히 활동하고 있다. 2013년에는 스트레스 관리 프로그램(RESTFUL™)을 새롭게 개발하여, 기업구성원에게 효율적인 조력을 할 계획을 하고 있다.

(저서) 남자의 공간(공저, 2013, 21세기북스)
(역서) 『스트레스 없는 풍요로운 삶(공역, 2013, 시그마프레스)
　　　　『상사를 관리하라(공역, 2011, 랜덤하우스)
　　　　『Y세대 코칭전략(2010, 시그마북스)
　　　　『중간관리자의 성과코칭스킬(공역, 2009, 이너북스)

신효정
이화여자대학교 대학원 심리학과에서 상담심리학 전공으로 석사 학위를 받고, 고려대학교 교육학과 학교상담 전공으로 박사 학위를 받았다. 한국청소년상담원 선임상담원을 역임하였다. 현재 아주대학교 교수로 재직 중이다.

(역서) 스트레스 없는 풍요로운 삶(공역, 2013, 시그마프레스)

강유선
이화여자대학교 기악학과에서 피아노를 주 전공, 심리학을 복수 전공하였다. 동 대학원에서 상담심리 전공으로 석사 학위를 받았으며, 이화여자대학교 학생상담센터 자원상담원, 리더스인싸이트그룹 컨설턴트로 근무하면서, 다양한 조직의 구성원들을 대상으로 상담을 진행하였다. 현재 연세대학교 상담센터 인턴으로 근무하고 있다.

(역서) 스트레스 없는 풍요로운 삶(공역, 2013, 시그마프레스)

스트레스 관리: 멘붕 탈출!

2013년 6월 15일 1판 1쇄 인쇄
2013년 6월 20일 1판 1쇄 발행

지은이 • 최윤미 · 지승희 · 박정민 · 신효정 · 강유선
펴낸이 • 김진환
펴낸곳 • (주) **학지사**

121-837 서울특별시 마포구 서교동 352-29 마인드월드빌딩 5층
대표전화 • 02)330-5114   팩스 • 02)324-2345
등록번호 • 제313-2006-000265호

홈페이지 • http://www.hakjisa.co.kr
커뮤니티 • http://cafe.naver.com/hakjisa

ISBN 978-89-997-0113-9 03180

정가 13,000원

인터넷 학술논문 원문 서비스 **뉴논문** www.newnonmun.com

이 도서의 국립중앙도서관 출판시도서목록(CIP)은 서지정보유통지
원시스템 홈페이지(http://seoji.nl.go.kr)와 국가자료공동목록시스템
(http://www.nl.go.kr/kolisnet)에서 이용하실 수 있습니다.
(CIP제어번호: CIP2013008288)